Emociones

Giorgio Nardone

Emociones

Instrucciones de uso

Traducción: Antoni Martínez Riu

Herder

Título original: Emozioni. Istruzioni per l'uso
Traducción: Antoni Martínez Riu
Diseño de la cubierta: Gabriel Nunes

© 2019, *Adriano Salani Editore, s.u.r.l., Milán*
© 2020, *Herder Editorial, S.L., Barcelona*

1.ª edición, 3.ª impresión, 2024

ISBN: 978-84-254-4564-4

Imprenta: Ulzama Digital
Depósito legal: B-14.342-2020

Impreso en España – Printed in Spain

Herder
www.herdereditorial.com

Índice

1. La narración de las emociones

Tres mitos acompañan lo que podríamos definir como la narración histórica y novelada de las emociones: el héroe llora, el científico estudia fríamente y el monje reza e invoca. Si repasamos la forma en que el hombre ha descrito este ámbito de la experiencia desde los albores de la civilización hasta nuestros días, nos encontramos constantemente con estas tres perspectivas: romántica y pasional, rigurosa y científica, religiosa y de fe. Desde la óptica romántica, las emociones son el motor y el sentido mismo de la existencia, para bien o para mal; para la ciencia tienen que ser diseccionadas, analizadas y mantenidas a raya con la razón y la objetividad; para la fe religiosa las emociones deben expresarse con morigeración y deben estar sometidas a la ley de Dios.

El héroe llora tanto de dolor como de emoción (Nucci, 2013). Homero fue el primero en construir un relato épico: Aquiles se desespera y derrama todas sus lágrimas por la muerte de Patroclo antes de desatar su implacable venganza; Odiseo llora cuando encuentra después de tantos años al fiel Argo, el perro que ha cuidado a su familia en su ausencia y que ahora puede dejarse morir dulcemente en el abrazo afectuoso del amo.

En el transcurso de los siglos, la literatura ha celebrado el carácter pasional del héroe, la potencia de las emociones que lo impulsan en sus gestas y lo alteran en su dinámica más íntima. Lo mismo sucede en las otras artes: pintura, escultura, música, teatro y danza se basan en la representación del drama, del éxtasis y del placer irrefrenable. Si contemplamos la variedad de sus expresiones, las emociones son tanto el objeto como el resultado del arte: el artista expresa sus emociones más fuertes a través de la *performance,* produciendo en el público un efecto análogo. Nadie puede permanecer indiferente ante la *Piedad* de Miguel Ángel, un nocturno de Frédéric Chopin o los poemas de Giuseppe Ungaretti.

Desde siempre el arte ha sido vehículo de la emoción y de su expresión: sin embargo, por no ser nunca neutro y estar siempre influenciado por la fe, las ideologías, la moda o las exigencias sociales, en cada época, ha privilegiado unas experiencias emocionales más que otras. A pesar de estas diferencias, las emociones más elementales y primitivas, y por lo tanto las más potentes, siguen constituyendo el principal objeto del arte: dolor y sufrimiento, gozo y placer, ira y crueldad, miedo y terror, por encima de las peculiaridades históricas. Al arte, desde siempre, se le ha permitido todo, incluso bajo tiranía: aunque sometido a las ideas dominantes se toleran sus expresiones más que a cualquier otra producción humana. La «licencia artística», por la que a menudo llegamos a considerar arte incluso lo que no lo es, permite que al artista se le perdone casi todo, precisamente porque expresa un mundo que no está sometido al rigor y al respeto a las reglas, es decir, al universo de las emociones más viscerales y su efecto sobre el obrar humano. Justamente por eso, el arte muy a menudo anticipa las intuiciones y los descubrimientos de la ciencia, como sostenía Sigmund Freud (Freud, 1967a): «La descripción de la vida interior del hombre [del poeta] es precisamente su campo específico, y él siempre ha sido el precursor de las ciencias y también de la psicología científica». Esto indica que la visión romántica-pasional de las emociones expresada en la producción artística del hombre no solo debe estar relegada al ámbito expresivo y artístico, sino que más bien ha de ser tenida en cuenta por los científicos como fuente de intuición y comprensión indispensable para no quedar atrapados en esquemas rígidos y estrictamente controlados. «A lo bello solo se le pide que exista», escribe Marcel Proust, pero podemos agregar: aprendemos a aprender de la belleza del arte incluso cuando expresa lo peor de nosotros.

El científico estudia fríamente lo que hay de más natural en el hombre, como las emociones, mientras trata de emocionarse lo menos posible, una operación ciertamente no fácil y hasta quizá imposible. Los neurocientíficos sostienen hoy que más del 80 % de la actividad mental se desarrolla por debajo de la conciencia (Koch, 2012; Nardone, 2017). Ya Leonardo da Vinci advertía que: «Todo nuestro conocimiento empieza con los sentimientos». Por lo tanto, ¿cómo puede el hombre de ciencia eximirse de sus emociones mientras investiga, practica experimentos y evalúa sus resultados? El «efecto halo» y el autoengaño del científico que busca pruebas para confirmar sus teorías, excluyendo las contrarias, es un fenómeno muy conocido (Nardone, 2017). Ningún ser humano puede desnaturalizarse hasta el punto de negar las emociones que determinan su percepción de la realidad; por lo tanto, la objetividad científica y la fría distancia del estudioso son una ilusión misericorde, pero que, no obstante, para los científicos representa el más sublime autoengaño que hay que defender con ardor frente a quienes las cuestionan. Pese a ello, aunque correcta, esta constatación no puede poner en duda la importancia de la narración científica de las emociones, que desde la Antigüedad ha contribuido notablemente a la comprensión de esa parte de la experiencia humana. Demócrito, uno de los más ilustres filósofos presocráticos, buscaba la explicación de las emociones más negativas en la «bilis negra», hasta tal punto que estudiaba los órganos encargados de esa función despiezando animales y analizando cadáveres humanos, influyendo profundamente en el inventor de la medicina occidental, Hipócrates (1991), que hizo suya esta teoría. Esta teoría biológica sería recuperada en siglos posteriores por numerosos eruditos, aunque tendía a explicar solamente las emociones negativas dejando de lado las positivas, relegadas a la acción de Eros y Afrodita. La búsqueda de una explicación biológica de las emociones nunca ha cesado de interesar a los científicos, que todavía indagan hoy, con métodos mucho más avanzados, las bases orgánicas de nuestras emociones. El objetivo es identificar el medio químico, quirúrgico o electromagnético con el que contener los impulsos emotivos fuera de control, a la luz de la idea platónica, y luego cartesiana y kantiana, según la cual la razón debe dominar las pasiones. La perspectiva rigurosamente científica se presenta no solo como antagonista de la artística, sino también como la peor enemiga de las emociones, consideradas el mayor peligro del conocimiento objetivo. Immanuel Kant mismo constituye un espléndido ejemplo de esa opinión renunciando a toda relación amorosa o sentimental en nombre de la imperturbabilidad de la razón: para el filósofo alemán, abandonarse a un amor habría significado contaminar de manera irreparable la limpidez y la funcionalidad de su razón.

Hoy, a siglos de distancia, el padre de las neurociencias cognitivas, Michael Gazzaniga, afirma que las emociones no son más que el efecto de dinámicas bioquímicas eléctricas, reduciendo así la experiencia humana a un fenómeno estrictamente físico-biológico. Por fortuna, otros estudiosos han asumido posiciones mucho menos radicales, y sobre todo las ciencias sociales y las psicológicas han puesto de relieve la importancia y la inevitabilidad de las dinámicas emotivas para el ser humano y de su actuar de cara a los demás, al mundo y a sí mismo. Sin embargo, la idea de que las emociones representan un demonio que hay que exorcizar y mantener a raya mediante las luces de la razón, la guía de la racionalidad y las pruebas objetivas sigue impregnando el mundo científico. La idea de que el científico pueda entregarse a la investigación con la más limpia objetividad posible, sin estar contaminado por las emociones, sobrevive a pesar de todas las pruebas inimpugnables de su imposibilidad, suministradas por cierto por la misma ciencia. La ilusión del todo irrazonable de una ciencia pura no contaminada por las pasiones y los sentimientos sigue siendo el sueño confesado del científico. Como interpretaría Freud (1967b), la negación de una pulsión la sublima en otras manifestaciones que replantean su influencia bajo ropajes engañosos.

El monje ora e invoca para que Dios le dé la fuerza de resistir a las tentaciones, sin dejarse llevar por las emociones que lo sacarían del camino recto. También en este caso, los impulsos emocionales son considerados como algo peligroso de lo que hay que defenderse y, por lo tanto, han de inhibirse por fidelidad a la propia fe. En el ámbito religioso encontramos una serie de prescripciones que representan el fundamento de la ética y del comportamiento del creyente: aunque no anulan la influencia de las emociones, pretenden convertirlas al servicio de las reglas de la fe. De modo que puedo estar furioso contra los infieles, como los caballeros de las cruzadas; puedo vivir el éxtasis del placer del contacto con Dios, como santa Teresa de Ávila; puedo vivir el dolor más profundo padeciendo pasión por mi Dios, como san Sebastián, que se deja traspasar por las flechas de los romanos hasta dos veces y luego es descuartizado a trozos y dispersado en la Cloaca Máxima; puedo sentir el temor de Dios, y aterrorizado por sus castigos seguir todos los dictados religiosos literalmente, como el bíblico fiel Job. La fe, a diferencia de la ciencia, no impone distanciarse de las pasiones, sino someterlas a los mandatos de la doctrina. Las emociones, orientadas de ese modo, se convierten en un motor de la fe, no en su límite. Esta estrategia de reestructuración de la influencia de las dinámicas emocionales no debe asombrarnos. Los maestros de las fes religiosas siempre han demostrado disponer de una capacidad de *problem solving* y de comunicación persuasiva muy superior a la de los científicos. Desde esta perspectiva, la posibilidad de sentir emociones, prerrogativa estrictamente humana, no debe ser negada ni reprimida, sino estimulada, aunque vivida con moderación, porque toda pasión excesiva deviene peligrosa, vehículo de tentaciones diabólicas. Para eso se promueve la virtud de la morigeración: el fiel debe concederse tener emociones, pero en espacios, tiempos y modos conformes a los dictámenes de la fe. Cultivar esta virtud hace «bueno» al creyente, de modo que ser creyente deviene ser virtuoso. Se trata de un espléndido ejemplo de retórica de la persuasión: adherirse a los dictámenes de la fe permite concederse arranques pasionales y reacciones emocionales. Es posible buscar activamente las emociones más arrolladoras, mientras sea en nombre de Dios.

Aunque el arte y la ciencia quieran emanciparse de la fe, no es casualidad que muchísimos artistas y científicos sean creyentes. Por lo demás, el arte se ocupa de la expresión de las emociones, la ciencia de su estudio y la fe religiosa de su gestión, siguiendo reglas muy precisas.

2. Conocer las emociones

Filosofía, epigénesis, neurociencias

Desde los primeros estudios sobre la bilis hasta las primeras formulaciones inductivas acerca del funcionamiento de las dinámicas emotivas, la ciencia ha dado pasos adelante importantes en el último siglo, y sobre todo en los últimos decenios, gracias a una formidable innovación tecnológica que ha permitido «ver» dentro de la «caja negra» del cerebro humano. Este proceso, que a primera vista podría sorprender, es en realidad usual en la evolución del conocimiento: primero se descubre cómo inducir y regular los fenómenos observados, luego se ponen a punto instrumentos para registrarlos y medirlos científicamente. Eso es lo que ha sucedido en la mayor parte de las ciencias: primero se experimentan y reproducen empíricamente los fenómenos objeto de estudio, llegando a conocerlos a través de las modalidades necesarias para gestionarlos; solo a continuación se elaboran las teorías formalizadas y los instrumentos rigurosos de investigación y medida. En otros términos, la pragmática de la inducción y la gestión de las emociones ha precedido al conocimiento científico. No debemos olvidar que la ciencia ha conquistado la primacía en el estudio de los fenómenos solo en el transcurso del siglo XIX, cuando, por vez primera, se instituye el constructo de la objetividad científica. En las últimas décadas del siglo XX, la llegada de las tecnologías modernas, desde la electroencefalografía hasta la resonancia magnética pasando por el PET —tomografía por emisión de positrones— y el *neuroimaging*, ha permitido «mapear» las áreas cerebrales y destacar las zonas específicas que se activan cuando hay repuestas emocionales. Estudios aún más avanzados comienzan a destacar las interacciones entre las diversas partes y las funciones de nuestro cerebro, por mucho que, más allá de las entusiastas declaraciones publicadas no solo en los medios destinados al amplio público sino también en las revistas científicas, este tipo de conocimiento todavía se encuentra en sus albores: el sondeo de las actividades cerebrales no dice nada preciso sobre la cualidad de sus efectos. Sin embargo, dentro de los límites de lo que es posible afirmar con certeza, hoy sabemos que las emociones residen en el paleoencéfalo, o sea, en la parte más antigua del cerebro, compuesto por el *locus cœruleus,* el hipocampo, la amígdala, la ínsula, la corteza orbitofrontal y la corteza cingulada anterior.

Se ha demostrado que la expresión de las emociones no está mediada por la corteza cerebral, o por el telencéfalo, la parte más «moderna» del cerebro, sino que se activa como reacción autónoma independiente de la voluntad consciente. En ocasiones se activa rápidamente, como en el caso del miedo, lo que nos permite reaccionar ante un estímulo amenazador en milésimas de segundo; otras veces es más lenta y persistente en el tiempo, como en el caso del dolor provocado por un proceso de luto. Como han demostrado numerosos investigadores (LeDoux, 2002), el paleoencéfalo influye profundamente en el telencéfalo, mientras que lo contrario no sucede. Esto significa que el pensamiento y la conciencia tienen muy poco poder sobre el desencadenante y la regulación de las emociones, que responden a las experiencias vividas de un modo concreto. Las emociones, a su vez, producen efectos importantes en el componente racional y consciente. En otras palabras, las experiencias emocionales determinan nuestras experiencias de manera decisiva, nuestras vivencias y nuestras representaciones conscientes, mientras que estas últimas determinan muy poco nuestras respuestas emocionales. Todo eso trastorna dramáticamente lo que se ha teorizado durante siglos acerca de la presunta prevalencia del pensamiento sobre el obrar humano, de la conciencia lúcida sobre la emotividad inconsciente, de los procesos cognitivos sobre los perceptivo-emocionales. La ilusión del control mental puro de las emociones se derrumba sobre sí misma porque la activación y la regulación de las emociones requieren experiencias reales. Por más elaborados y sofisticados que sean, los procesos cognitivos no son suficientes. Por otra parte, la experiencia puede no ser real, sino fruto de una sugestión potente que se percibe como auténtica. Como trataremos con detalle en el capítulo 3, la sugestión es un fenómeno perceptivo capaz de activar sensaciones en ausencia de un estímulo real, evocándolas mediante formas particulares de comunicación o de estímulos sensoriales que proceden directamente de la mente «antigua», eludiendo el control o la censura de la mente «moderna».

Eso introduce un segundo aspecto importante: las emociones constituyen la respuesta a estímulos percibidos y reconocidos, los cuales activan reacciones específicas, como el miedo ante un evento amenazador, la ira como respuesta a algo irritante, el sufrimiento como consecuencia de sensaciones dolorosas y el placer como efecto de situaciones agradables. El reconocimiento del estímulo que activa la emoción específica, sin embargo, no debe confundirse con un acto de conciencia: todo eso acontece en el nivel subcortical e inconsciente, y solo más tarde deviene, en el proceso de activación del organismo, en una sensación consciente. Por ejemplo, cuando una repentina reacción de miedo activa una alarma por un ruido que nuestra mente arcaica asocia con un animal peligroso; o cuando el dolor nos induce a sacar la mano de algo que quema; o cuando tenemos un arrebato agresivo hacia algo que irrita; o, por el contrario, cuando nos demoramos en una sensación agradable. Este mecanismo arcaico permite que nuestro sistema sensorial reaccione a una velocidad del orden de milésimas de segundo, que no está al alcance de ningún robot o computadora. Es lo que nos salva la vida cuando conseguimos evitar, sin siquiera pensarlo, un obstáculo peligroso, o cuando reencontramos el equilibrio mientras nos estamos cayendo. Por desgracia, también es lo que nos hace perder el control en un acceso de ira o nos hace incapaces de resistirnos al placer incluso cuando es dañino. Como veremos más adelante al hablar de la gestión de las emociones, a través de un ejercicio dirigido estos mecanismos pueden educarse, modelarse y condicionarse, para bien o para mal, como mecanismos de adaptación que podemos moldear mediante experiencias repetidas. Por lo tanto, aunque las emociones primarias sean universales y estén presentes en cada ser humano, su expresión cambia según sea el aprendizaje adquirido. Los mecanismos perceptivo-emocionales son universales, pero su activación-regulación cambia en cada sujeto a partir de experiencias reiteradas, tanto desde un punto de vista cuantitativo —es decir, en relación con la potencia de la reacción emotiva— como en el plano cualitativo, esto es, en relación con el tipo de sensación. Por ejemplo, un estímulo que se repite hace menos posible su percepción y reduce la activación de la respuesta emocional específica; una sensación fluctuante, por el contrario, mantiene activa la respuesta emocional y, si se repite, deviene placer y no motivo de aburrimiento. Esto significa que «se nace y se deviene» (Nardone, 2017), en el sentido de que la interacción constante entre predisposición natural y experiencia constituye las características emocionales de cada persona, o sea, lo que comúnmente llamamos sensibilidad.

Es lo que afirma el fundador de la epigenética, Donald Hebb (1949, 1975, 1990), quien asevera que nuestras emociones modelan incluso nuestros mecanismos biológicos más extraordinarios, que en cada caso son responsables estructurales de nuestra manera de sentir.

La genómica moderna ha demostrado, pese a las hipótesis iniciales de los investigadores sobre el fundamento puramente biológico de la cadena genómica, que las experiencias reiteradas o vividas de manera intensa también modifican la cadena funcional del genoma en el organismo humano. Se demuestra así la imposibilidad de reducir las emociones a algo puramente biológico y orgánico, haciendo emerger una visión dinámica y adaptativa de ellas, basada en mecanismos biológicos, es decir, en reacciones bioquímicas que desencadenan activaciones eléctricas, aunque a partir de dinámicas psicológicas y una constante interacción entre el sujeto y la realidad externa e interna. La investigación más avanzada ha confirmado algo que la sabiduría antigua ya sostenía a propósito de las emociones humanas: no hay nada fisiológico que no sea también psicológico y, viceversa, ningún fenómeno es puramente psicológico, en cuanto produce inevitablemente alteraciones biológicas. Por eso hay que rechazar cualquier posición radical, como la de una cierta neuropsiquiatría que pretenda reducir las emociones y el estado de ánimo a la cantidad de determinados neurotransmisores presentes en el organismo, como la serotonina y la dopamina: se trata de un modelo incorrecto tanto desde el punto de vista metodológico como del explicativo, portavoz de un reduccionismo de estampa decimonónica. Desafortunadamente, estas hipótesis guían, quizá por ingenuidad metodológica, gran parte de las investigaciones de campo financiadas por las empresas farmacéuticas (Breggin, 1994; Nardone, 1994; Caputo y Milanese, 2017), que tienden a engañar a los pacientes afirmando que puede haber una «píldora de la felicidad», como en el caso del Prozac, uno de los mayores *best seller* de la farmacopea de todos los tiempos. Siguiendo la misma estela, pero con la coartada de una tecnología más evolucionada, se han impuesto en los últimos años métodos basados en dinámicas electromagnéticas del mecanismo de las emociones: ultrasonidos de baja frecuencia, resonancia magnética transcraneal y el antiguo electrochoque, ahora llamado «microelectroconvulsiones» por la mayor regularidad con la que la electricidad penetra en el cerebro del paciente. Las emociones, como hemos visto, son un fenómeno complejo, resultado de dinámicas interactivas de múltiples procesos psicofisiológicos: el hecho de querer reducirlas a uno de sus numerosos componentes o a uno de sus efectos traiciona los principios de la ciencia.

Una vez aclarados los aspectos fisiológicos, epigenéticos y neurocientíficos de la dinámica de las emociones, pasemos ahora a los resultados de la investigación psicológica.

Sensaciones, percepciones y emociones

Santo Tomás de Aquino (1986) afirmaba que «No hay nada en el intelecto que no haya pasado antes por los sentidos», mientras que el filósofo empirista George Berkeley (1710) declaraba que «ser es ser percibido», estableciendo una clara diferencia entre sensación y percepción, un concepto fundamental para entender correctamente cómo se desencadena una emoción y cómo puede ser regulada y gestionada. Es indiscutible que los sentidos juegan un papel fundamental en la activación de las reacciones emocionales. Pero está lejos de ser evidente que las percepciones lleguen incontaminadas al paleoencéfalo y a la corteza cerebral; más bien está claro lo contrario. En otras palabras, nuestro sentir no es puro porque está influenciado por múltiples factores, como el estado de ánimo, las experiencias previas, los esquemas adquiridos de respuesta automatizada, la perspectiva desde la que se mira, escucha, se toca o se huele algo. Las sensaciones son, por lo tanto, el fruto de una interacción entre el funcionamiento de un sistema vivo complejo y el estímulo que activa el sentir, ya sea exterior o interior. A este respecto, quizá el ejemplo más sorprendente sea el descubrimiento, a menudo ignorado incluso por los científicos, de Heinz von Foerster (Foerster y Glasersfeld, 2007), el cual demostró que los colores que vemos no existen en la realidad externa, sino que son producto de la elaboración de la refracción de luz en el nervio óptico y de las dinámicas de procesamiento de la información visual. En otros términos, los colores que percibimos y que influyen en nuestras reacciones no son «reales», es decir, objetivos; son producto del funcionamiento de nuestro sistema sensorial. Esta hipótesis sorprende generalmente: las sensaciones solo serían, por tanto, un engaño del que deberíamos emanciparnos para ser realmente amos/dueños de nosotros mismos. Es también lo que afirman muchos filósofos idealistas y místicos que proponen el camino de la liberación de la esclavitud de los sentidos. Se trata de una posición ideológica difícilmente aplicable: aunque elimináramos los sentidos quedarían las percepciones y las elaboraciones mentales, que los sustituirían de una manera ciertamente menos fiable. La cuestión es que nosotros *percibimos* la realidad y no tenemos de ella una sensación pura: nuestros sentidos están influenciados por numerosos elementos típicos de nuestro funcionamiento como organismo vivo, que en el transcurso de milenios de evolución se ha hecho cada vez más complejo. Como han dicho muchos poetas y escritores, «la belleza está en los ojos de quien la mira» y no simplemente ahí afuera; lo que para nosotros es «real» es el resultado de la interacción entre la cosa misma y nuestra percepción.

Otro ejemplo científico simple, que todos podemos llevar a cabo para comprender la diferencia entre sensaciones y percepciones, es el que propuso Robert Ornstein (1986) unos decenios atrás. Tras colocar ante algunos estudiantes de la Universidad de Stanford tres cubos de agua, con agua fría, tibia y caliente, respectivamente, se invitó a los participantes a poner una mano en el agua fría y la otra en el agua caliente. Luego se les pedía poner ambas manos en el agua tibia. Para la mano que se había sumergido en el agua fría, el agua era caliente; y al contrario, para la que se había sumergido en agua caliente, aquella agua estaba fría. El cerebro percibe así dos informaciones sensoriales opuestas: la sensación de calor y de frío depende de la sensación precedente. La percepción es un fenómeno sensorial mediado por otros factores contingentes y por el funcionamiento de nuestra mente; por eso no puede reducirse a un hecho puramente físico. No es casualidad que la psicología como disciplina científica comenzara justamente con los estudios de Wilhelm Wundt y Hermann von Helmholtz sobre la percepción visual engañosa (Sirigatti, Stefanile y Nardone, 2008): el paso del estudio de los sentidos al de la percepción marca el nacimiento de los estudios psicológicos.

El estudio de las emociones debe tener en cuenta el hecho de que lo que las desencadena no son las sensaciones puras, sino las percepciones de la realidad interna y externa al individuo; toda la epistemología constructivista moderna (Watzlawick, 1981) parte de esta perspectiva. Esa epistemología parecería complicar la vida a los científicos que pretenden describir la complejidad de los fenómenos en términos cuantitativos desde una perspectiva reduccionista y con la ilusión de controlar los datos a través de operaciones estadísticas cada vez más refinadas, como si estas correspondieran a la «verdadera» realidad de los hechos, esta última también «construcción» humana. Enfrentarse a la complejidad de los fenómenos, en cambio, obliga a la búsqueda de la simplicidad, como tendremos ocasión de ver más adelante. La percepción, por lo tanto, anticipa las emociones, las cuales una vez activadas retroactúan en la percepción misma, alterando su funcionamiento. Percepción y emoción, por consiguiente, interactúan de un modo interdependiente. Todo esto, como sostiene el neurocientífico Christof Koch (2012), sucede en un 80 % por debajo del nivel de la conciencia, la cual llega con retraso respecto a la dinámica → emoción → reacción. Se sigue de ello que nuestras reacciones no pueden ser gestionadas casi nunca de un modo consciente debido al retraso insalvable de la conciencia a la respuesta emocional. Frente a esa evidencia experimental decaen todas las teorías que ven en los procesos cognitivos los primeros responsables de las dinámicas emotivas (Searle, 1990). Lo mismo puede decirse de todos aquellos enfoques teórico-aplicativos que consideran el pensamiento y la voluntad consciente como motores y reguladores de las emociones. Solo cuando el proceso de reacción según esquemas recurrentes, accionado por la percepción y la emoción, alcanza el nivel del telencéfalo y deviene consciente, se desencadenan dinámicas cognitivas que a su vez influyen en los mecanismos perceptivo-emocionales:

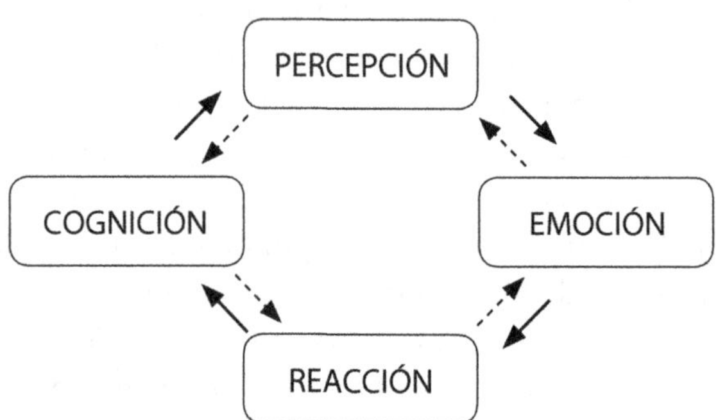

Pensar que la llamada mente «superior» controla la llamada mente «inferior» ya representa un sublime autoengaño. Esta opinión aún podría ser aceptable en la época de Kant, cuando los conocimientos eran muy inferiores a los de hoy. A menudo, sin embargo, precisamente el descubrimiento del funcionamiento de las cosas acaba perturbándonos en lugar de tranquilizarnos. Como afirma el premio Nobel de Medicina, James Watson (Boorstin, 1998), «la revelación de un enigma conduce al descubrimiento de nuevos enigmas». O bien, tal como expresa Emil Cioran: «Quien no ha sufrido a causa del conocimiento no ha conocido nada» (Cioran, 1952). Esa búsqueda del conocimiento con la finalidad de tranquilizarnos es la expresión de la necesidad de mantener a raya las emociones más espantosas y angustiosas. Son los mecanismos más profundamente emocionales los que nos hacen creer como verdaderas cosas en las que resulta cómodo o seguro confiar. En *Gaya ciencia,* Friedrich Nietzsche (2000) escribe que, cuando quieren tranquilizarse, los hombres no sienten escrúpulos en dar por verdadero algo que saben que es falso, para luego poder creer en ello realmente. Esto no deja de valer también para el conocimiento de nuestras reacciones más íntimas, como las emociones, y no debe sorprender la obstinación con que ciertas teorías se presentan y defienden como verdades indiscutibles. A la mayoría de las personas le resulta difícil aceptar la idea de que «somos como automóviles que corren por la noche y no ven más allá que el espacio que alumbran nuestros faros» (Bernasconi, en VV. AA., 1996).

Las emociones primarias universales

Sería imposible pasar revista a todas las teorías psicológicas sobre las emociones. A efectos de nuestra exposición analizaremos solo las posiciones y las clasificaciones propuestas por los autores más acreditados. La clasificación más citada es la de Paul Ekman (1973, 1985), el cual llevó a cabo un estudio transcultural sobre la expresión de las emociones a través de la comunicación no verbal buscando las expresiones emocionales universales. Después de un laborioso análisis de protocolos de observación y registros de fotografía y vídeo, Ekman acabó definiendo como universales las emociones de miedo, alegría, asco, ira, desprecio, sorpresa, tristeza. En sus estudios iniciales, Ekman las definió a través del lenguaje utilizado para expresarlas, llegando luego a aquello que las determinaba en la dinámica individual. Este método recibió más tarde la crítica de otros autores; como sucede en los estudios antropológicos, le afectaba demasiado la influencia de factores culturales. Además, la clasificación de Ekman superpone sensaciones arcaicas como el miedo, capaz de desencadenar activaciones psicofisiológicas intensas e inmediatas, con otros como la sorpresa, que según Ekman desencadenaría el miedo cuando en realidad es exactamente lo contrario: la percepción de una alarma es, como hemos ejemplificado antes, la más rápida de las respuestas a un estímulo; por lo tanto, es el miedo lo que produce la sorpresa. Expresiones como tristeza y alegría son estados de ánimo provocados a su vez por la percepción del placer y del dolor, y no respuestas emocionales. Más problemático es aún el caso del desprecio, una disposición de rechazo relacional demasiado elaborada para ser considerada una emoción primaria. La decisión de remontarse a las emociones a través del estudio de las expresiones no verbales asociadas llevó a Ekman a interpretarlas mediante respuestas psicofisiológicas arcaicas coincidentes con estados de ánimo y con disposiciones relacionales mucho más evolucionadas, cercanas a los sentimientos.

El propio Ekman (2010) ha revisado su clasificación subdividiendo las emociones en primarias y secundarias. Las primeras se alinean mayormente con las investigaciones en psicología del desarrollo (Vygotski, 1954; Piaget, 1937). Observando el modo en el que aparecen las expresiones emocionales en el niño, señala que las primeras manifestaciones son placer, miedo, dolor e ira, seguidas en las fases sucesivas del aumento de la sorpresa y de la tristeza. Esto también lo confirman las recientes adquisiciones neurocientíficas, que han «mapeado» áreas específicas del cerebro destinadas a las cuatro emociones primarias, áreas que, entre otras cosas, son las más extensas del paleoencéfalo.

Robert Plutchik (Plutchik y Kellerman, 1980), retomando las teorías darwinianas de la evolución, identifica cuatro pares de emociones primarias: miedo e ira, tristeza y alegría, sorpresa y expectación, disgusto y aceptación. Tampoco en este caso está claro cómo se entrelazan reacciones que prevén un reconocimiento consciente del propio sentir con respuestas emocionales inconscientes. Desde nuestro punto de vista, deberían ser consideradas primarias aquellas emociones inconscientes que se disparan como respuesta adaptativa inmediata a los estímulos externos e internos. En esta dinámica, percepción y emoción constituirían, según la definición de Daniel Dennett (2017), «competencias sin comprensión» que nos permiten sobrevivir y adaptarnos tanto al ambiente externo como a las dinámicas internas.

Otras clasificaciones se ven afectadas por límites lógicos y confusiones lingüísticas, como por lo demás sucede a menudo en los laboratorios teóricos que provienen del mundo estadounidense, a causa de una fuerte tendencia al reduccionismo lingüístico y a traducciones con frecuencia poco respetuosas con las distinciones terminológicas. Sin embargo, aunque la mayoría de los estudiosos definen las emociones primarias como reacciones psicofisiológicas adaptativas inconscientes, estas deben reconducirse hacia los fenómenos perceptivos que las desencadenan para luego ser estos, a su vez, influenciados instaurando una interdependencia circular entre sentir y reaccionar en virtud del resultado adaptativo. Las emociones primarias, por lo tanto, pueden reducirse a cuatro: miedo, ira, placer, dolor. Todas las demás mencionadas por diversos autores derivan de estas cuatro percepciones-emociones.

El sociólogo Theodore Kemper (1987) utilizó un criterio diferente para llegar al mismo resultado, es decir, tomó nota de cuáles eran las emociones universalmente citadas por todos los expertos, excluyendo todas las demás: las cuatro resultan ser las que nunca fueron puestas en discusión. Esto podría considerarse una simplificación extrema, pero no una forma de reduccionismo, ya que permite gestionar la complejidad de la dinámica de las emociones reconduciéndolas al mecanismo primario de su activación, de su funcionamiento y de su función exquisitamente adaptativa y, como hemos descrito en el parágrafo anterior, sus constantes interacciones e interdependencias con las otras dinámicas psicofisiológicas activas en nuestro organismo, el cual, a su vez, como sistema complejo, está en continua relación con su exterior y su interior. Como confirmación de lo dicho, si el sujeto adquiere la capacidad de gestionar las cuatro percepciones-emociones básicas, también logra gestionar todas las demás. Es una observación importante que se deriva sobre todo de la experiencia de la psicología clínica y de la psicoterapia, las cuales, al ocuparse de cambios terapéuticos en el individuo y en su relación consigo mismo, los demás y el mundo, para desencadenar resultados terapéuticos reales y concretos deben hacer hincapié en su parte más emocional. En otras palabras, se ponen en marcha técnicas aptas para intervenir estratégicamente sobre dinámicas emocionales y corregir su disfuncionalidad, y que, si resuelven los problemas, revelan su funcionamiento (Nardone y Portelli, 2005). Es cuanto se observa en las ciencias de la *performance*, para mejorar el rendimiento del sujeto hay que poner en práctica algo parecido a la psicoterapia, para así lograr una mayor funcionalidad de las percepciones-emociones (Nardone y Bartoli, 2019). En palabras de Cioran (1979), «cada problema profana un misterio que, a su vez, es profanado por su solución». Al aplicar este método de investigación-intervención se descubre que las cuatro emociones universales son la palanca de la gran mayoría de los cambios, tanto de los terapéuticos como los propios del rendimiento del individuo. Por lo tanto, la simplificación aparentemente extrema se convierte en una forma de gestionar la complejidad del funcionamiento de las dinámicas emocionales, revelando al mismo tiempo su funcionamiento.

En la abundante literatura sobre las emociones, asistimos en cambio a una complicación progresiva de su clasificación, la mayoría de las veces fruto de investigaciones observacionales y experimentales de laboratorio y no basadas en la vida real de los sujetos. Aparte de las emociones primarias ya mencionadas, se ha redactado una lista de las secundarias, a la que ha seguido un grupo posterior de emociones sociales. Así, se ha pasado de 6 a 8, a 11 y hasta a 27 tipologías de emociones, llegando a enumerar entre ellas incluso la ansiedad, que, como se sabe, representa la activación fisiológica de una respuesta a un estímulo alarmante. Además, como ya se anticipó, muchas de las que suelen llamarse emociones corresponden a estados de ánimo, sentimientos o actitudes. Todo esto no solo complica el conocimiento de las emociones, sino que produce también modalidades poco apropiadas a su gestión. Según los criterios fundamentales de la investigación científica, un fenómeno se investiga reproduciéndolo experimentalmente y modificando su funcionamiento por vía estratégica, dando la posibilidad de replicar los resultados. Demasiado a menudo la investigación sobre las emociones muestra lagunas en lo concerniente tanto al método como a la valoración interpretativa de los resultados observados y experimentales, orientada hacia explicaciones puramente biológicas o clasificatorias, o bien tendente a confirmar la supremacía de la conciencia y de la razón sobre las emociones. El proyecto humano de someter todo al control de la mente pensante no cesa nunca de renacer de sus cenizas. Si hoy la «mente inconsciente ya no se ve como una contradicción en los términos», porque «los procesos inconscientes son totalmente capaces de realizar todas las operaciones cognitivas de la percepción y del control» (Dennet, 2017), la idea de la conciencia y de la comprensión como suprema maravilla mental continúa haciendo estragos en la investigación y en la interpretación en el mundo de la ciencia y orientando e influyendo en sus resultados. El hombre moderno no consigue emanciparse de las *res cogitans* de René Descartes (Descartes, 2018) y de la *razón pura* de Immanuel Kant (2013). John Searle (1990), prominente exponente de la filosofía del lenguaje y el representante más autorizado de esta forma de ver las cosas, argumenta que la «conciencia» es el presupuesto fundamental para pensar y actuar con miras a un objetivo y se aparta así arbitrariamente de la realidad, probada por una miríada de experimentos psicológicos y por las aportaciones de la neurociencia, de las «competencias sin comprensión», base de las dinámicas perceptivo-emocionales y de las consiguientes reacciones inconscientes afectadas por el organismo.

Distinta puede parecer la obsesión de las neurociencias por identificar la sede biológico-orgánica de las emociones. En el Congreso Mundial de Neurología de San Diego de 2017 se presentó la primera neuroimagen del «conectoma», presunta zona cerebral responsable de la capacidad de conectar conscientemente. Lamentablemente, se trataba de una representación gráfica computarizada y, además, del cerebro de una rata. Debería deducirse que las ratas poseen una conciencia comparable a la humana, y que nuestro cerebro es similar al de una especie animal que no ha elaborado un lenguaje, una lógica y una capacidad de cálculo matemático tan sofisticados como los del hombre, ni ha proyectado y construido catedrales o astronaves.

Este es un ejemplo de cómo, enamorándose de una tecnología y vinculando conceptualizaciones y métodos biológicos-reduccionistas a métodos científicos aparentemente rigurosos, se puede llegar a descubrimientos que son, en cambio, «invenciones». Otro ejemplo de estudio de las emociones fuertemente condicionado por premisas «tenidas por verdaderas» por el investigador lo proporciona el trabajo monumental de Richard Davidson, realizado en los laboratorios de las universidades estadounidenses más prestigiosas. El mismo científico declara que el desarrollo de la disciplina híbrida de las «neurociencias afectivas», o bien «el estudio de los mecanismos cerebrales que está en la base de las emociones y la investigación para mejorar el bienestar y promover las cualidades positivas de la mente» (Davidson y Begley, 2012), se mezclan con su historia personal. Sus estudios experimentales representan una extraordinaria contribución al conocimiento del funcionamiento de la mente y de sus formas de reaccionar. Davidson escribe que «dentro de la psicología se ha puesto de moda arruinar esquemas de clasificación, uno tras otro, sosteniendo por ejemplo que existen cuatro tipos de temperamento, o cinco componentes de la personalidad, o solo Dios sabe cuántas tipologías de caracteres». Estos esquemas, puesto que no se basan en un análisis de los mecanismos cerebrales subyacentes, no tienen una base científica sólida; Davidson los reemplaza con una clasificación del «estilo emocional», una manera coherente de responder a las experiencias de la vida gobernada por circuitos cerebrales específicos e identificables, según él mensurables de forma objetiva en el laboratorio. En su opinión, los estilos emocionales son los «átomos» de la vida emocional. A diferencia de la personalidad, el estilo emocional sería una forma cerebral peculiar del individuo. Se trata de una teoría no solo fascinante, sino también respaldada por contribuciones neurocientíficas sobre la psicología de los procesos emocionales y del comportamiento humano, cuyos límites en todo caso nos son conocidos, basadas además en el supuesto de que las emociones están gobernadas por la conciencia mental.

Las seis dimensiones del estilo emocional, según Davidson, son:

- *resiliencia:* la lentitud o velocidad con la que nos recuperamos de la adversidad;
- *perspectiva:* la capacidad de mantener a lo largo del tiempo emociones positivas;
- *intuición social:* la capacidad de captar las señales enviadas por las personas de nuestro alrededor;
- *autoconciencia reflexiva:* la capacidad de percibir sensaciones físicas que reflejan las emociones;
- *sensibilidad al contexto:* nuestra capacidad de modular reacciones emocionales teniendo en cuenta el contexto en el que estamos;
- *atención:* la intensidad y claridad con la que somos capaces de centrarnos en determinado objeto.

El mismo Davidson considera estas seis dimensiones como un modelo contraintuitivo, comparable al «modelo del átomo» de Niels Bohr (1922) en física.

Las dudas no surgen solo de la compleja abstracción del contenido de las seis dimensiones, sino del hecho de que estas tienen que ver no con reacciones provocadas por percepciones y emociones, sino sobre todo con competencias adquiridas y guiadas por la conciencia. En otras palabras, se pasa de la «competencia sin comprensión» de Dennett a las «competencias conscientes» de Davidson en la gestión de la relación con nosotros mismos, los demás y el mundo, un salto cualitativo excesivo y que nos remite a la gran influencia que Davidson concede a las filosofías orientales, especialmente al budismo zen tibetano. Davidson cuenta que su encuentro con el Dalái

Lama en 1992 cambió radicalmente el curso de su vida personal y de su carrera profesional, orientándolo a la demostración científica de la validez y de la eficacia de la meditación y de otras formas de *training* mental (2012). Si esto ha emancipado su trabajo del paradigma skinneriano dominante en la investigación estadounidense, liberando sus estudios de los límites impuestos por una perspectiva metodológica reduccionista, por otro lado sus trabajos, siempre esclarecedores, parecen estar «viciados» por la intención de demostrar cómo a través del control consciente de la mente pueden gestionarse del todo las emociones. Esto contrasta con numerosos estudios que demuestran, como ya hemos visto, una elevada impermeabilidad del paleoencéfalo al control del telencéfalo y que gran parte de nuestras actividades mentales se desarrollan por debajo del nivel de la conciencia.

Como ha sucedido a menudo en la historia de la ciencia, las investigaciones modernas confirman las intuiciones y las elaboraciones de grandes personalidades del pasado, en este caso las de William James. En 1890, en *Principios de psicología,* James define las emociones como la «percepción de modificaciones en el estado del organismo». El miedo, por ejemplo, deriva de la percepción de la activación del organismo a causa de estímulos, externos o internos, amenazadores. James afirma, además, que al contrario de lo que aún sostienen los fisiólogos, esta activación no es indiferenciada, sino que es una reacción a estímulos peculiares. En otros términos, a emociones diferentes corresponden indicadores fisiológicos diferentes. Para ser más claros, la reacción psicofisiológica al miedo es distinta de la del placer, la ira y el dolor, y eso vehicula los diferentes modos de respuesta conductual y cognitiva. Como ya hemos mencionado, se lleva a cabo así una dinámica circular entre los componentes esenciales de nuestro funcionamiento psicológico: percepción, emoción, reacción y cognición devienen un todo en uno, un complejo sistema de interacciones con el que «construimos» la relación con nuestro mundo interno y externo. Y, por supuesto, aunque nuestro conocimiento científico haya evolucionado tanto, nunca debemos olvidar las palabras de Johann Wolfgang Goethe: «Las cosas son mucho más simples de lo que podemos creer, pero mucho más complejas de lo que podamos comprender».

Emociones y cogniciones

Según Albert Einstein, «nuestras teorías son las que determinan nuestras observaciones». Es absolutamente humano que las ideas de las que estamos más convencidos influyan profundamente en nuestras valoraciones. Nuestras representaciones mentales más sofisticadas ejercen ciertamente un impacto en la percepción de la realidad y sobre nuestras reacciones en el plano emocional. Sin embargo, como hemos visto, considerar este proceso fundamental en nuestro funcionamiento como seres humanos constituye una posición poco confiable y en ciertos aspectos ideológica. Y sin embargo, la mayoría de las publicaciones denominadas científicas parten precisamente de esta premisa. No es casualidad que en la psicología moderna el sufijo «cognitivo» sea omnipresente, un presupuesto necesario para no ser excluidos del mundo de la investigación académica: hoy se habla de neurociencia cognitiva, psicología cognitiva, pragmática cognitiva y así sucesivamente.

Además, un trabajo que no está respaldado por una operacionalización cuantitativa y estadística no puede considerarse científico: los modelos matemáticos se consideran el éxito apical de la producción lógica y cognitiva, además de ser un requisito previo esencial para la investigación científica rigurosa y objetiva.

En otros lugares (Nardone, 2017) ha quedado aclarado que precisamente la ciencia reduccionista ha demostrado el carácter ilusorio de esta posición metodológica en su pretensión de objetividad. Aquí queremos limitarnos a subrayar que esta rígida perspectiva metodológica orienta y deforma el resultado de los estudios en cuanto autorreferencial, ya que excluye de la investigación todo lo que no puede ser medido en términos cuantitativos. Las emociones son una respuesta más cualitativa que cuantitativa: el intento de medirlas en términos de operacionalización estadística altera y disminuye la importancia y tiende a reducir su funcionamiento a un modelo de la mente, típico de la investigación cognitiva, de tipo computacional. La exageración extrema de esta perspectiva consiste en el estudio de la mente y de sus dinámicas a partir del estudio de la inteligencia artificial, como si dijéramos: primero se inventa algo y luego, a través de su funcionamiento, se pretende estudiar el funcionamiento de la mente de su creador. Puede parecer absurdo, pero se trata de una realidad en el campo de la investigación cognitiva que, no debemos olvidar, nació y se desarrolló en décadas pasadas precisamente en virtud de la analogía entre mente y computadora. Es evidente que también esta perspectiva es el resultado de «enamorarse» de la idea de poder controlar todo de un modo riguroso con herramientas y métodos ilusoriamente objetivos. Podríamos afirmar a modo de provocación que son precisamente las emociones las que determinan, también en este caso, las cogniciones y las conductas, pero si asumiéramos esta posición interpretativa diametralmente opuesta acabaríamos representando la otra cara de la misma moneda, manteniendo un dualismo entre polaridades opuestas que nunca considera suficientemente la influencia mutua de los fenómenos en el interior de un sistema vivo. Entre mundo emocional y mundo cognitivo existe una influencia constante y recíproca, en la que no son, sin embargo, las cogniciones sino las emociones las que, a partir de sus deseos, necesidades o placeres, inducen al sujeto a proteger de un modo distorsionado sus propias convicciones. Nos encontramos así en el ámbito de la lógica del autoengaño (Nardone, 2015; Elster, 1979; Da Costa, 1989a, 1989b), el proceso mental con el que construimos una creencia útil y protectora para no sufrir por una realidad incómoda: el cónyuge traicionado es el último en saberlo para no sufrir demasiado; el padre niega la evidencia de su hijo drogadicto; el científico selecciona únicamente las informaciones que sostienen sus teorías y excluye todas las demás. Para evitar el sufrimiento la mente nos engaña, haciéndonos creer en algo que es falso pero que resulta útil considerarlo verdadero. Leon Festinger ha tratado este tema mejor que nadie, demostrando con experimentos y observaciones que el individuo, frente a una opción forzada, tiende a buscar todas las informaciones que son favorables a esa decisión y todas las que suponen una desventaja para las otras posibilidades. Festinger ha hablado en este sentido de «disonancia cognitiva», definiéndola como el proceso por el que nuestras cogniciones están distorsionadas para evitar sufrimientos o reacciones temidas. Los más actuales y convencidos defensores del hipercognitivismo y del cogitocentrismo (Nardone y Watzlawick, 1990), quizá por el mismo proceso de auto-engaño, se olvidan hoy de esta importante lección ofrecida por una de las figuras más eminentes del cognitivismo moderno.

Las dinámicas del autoengaño protector, sin embargo, no son ciertamente un descubrimiento moderno, sino que son conocidas desde la Antigüedad. Pensemos, por ejemplo, en la fábula de *El zorro y las uvas,* de Fedro (2008), en las reflexiones de Marco Aurelio (2017) y de Nietzsche (2000), en el uso estratégico del autoengaño en Blaise Pascal (1998). Como sugiere Einstein (1999), «se necesita una nueva forma de pensar para resolver los problemas producidos por la vieja forma de pensar». La perspectiva de Einstein no es ciertamente una novedad; abundan en la historia las contribuciones hechas en esa dirección, que pueden reorganizarse en una forma de conocimiento flexible y adaptable, que tienen presente la advertencia de Nietzsche en *Gaya ciencia:* «Todo lo que es absoluto pertenece a la patología». Sobre todo, deberíamos evitar enrocarnos en posiciones que creemos indiscutibles y basarnos en cambio en la mayor o menor eficacia de su aplicación. Como dice Umberto Galimberti, en la Era de la Técnica, la «Verdad» corresponde a la «eficacia» con la que se alcanzan los objetivos prefijados. Una teoría es científica, como afirma Karl Popper (1945, 1972, 1983), solo si puede ser falsada. O de nuevo, con las palabras de Hermann Hesse (1922): «Lo contrario de la verdad es igualmente verdadero». Liberarse de la tiranía académica del cogitocentrismo, que a partir de Platón domina la escena no solo de la filosofía sino también de buena parte de la ciencia y del sentido común, debería constituir un primer paso importante para alcanzar un conocimiento realmente evolucionado. Ningún componente de nuestro ser puede, de hecho, ser puesto en una posición de dominio respecto de los otros porque somos producto de una constante interacción entre ellos. Partiendo de esta premisa es posible gestionar la compleja dinámica entre percepciones, emociones, cogniciones y acciones planificadas, de modo que las «competencias sin comprensión» y aquellas otras con «cognición» interactúen constructivamente. Aunque, como dice Jean-Paul Sartre (Nardone, 2007), «a menudo hacemos lo que no queremos, pero siempre somos responsables de lo que somos».

Emociones y acciones

Actuando es como el hombre se mide a sí mismo. Esta antigua máxima, pero siempre de actualidad, nos obliga a analizar cuál es, a la luz de los estudios y de las experiencias, la relación entre actuar y sentir. Orlando, en *Orlando furioso,* ofuscado por la ira, blande la espada y mata numerosos animales y a un inocente pastorcillo; don Abbondio, en *I promessi sposi,* de Alessandro Manzoni (2009), en un ataque de miedo, no toma ninguna posición aun sabiendo cuál es la correcta; Edipo, en la trilogía de Sófocles (2013), se ciega por el dolor cuando descubre que ha dado muerte a su padre y ha poseído a su madre; en *Madame Bovary* de Gustave Flaubert (1999), la protagonista paga el precio de haberse abandonado al placer. Estas figuras literarias ilustran con eficacia cómo las emociones primarias determinan nuestras acciones, incluso cuando eso sea disfuncional y trágico. Esto subraya el poder del sentir sobre el actuar, que la mayoría de las veces no es otra cosa que reaccionar a los estímulos internos y externos. Pero, como señalaba William James, reaccionamos a las respuestas psicofisiológicas activadas por nuestra percepción de las cosas. Si sentimos miedo, huimos, peleamos o permanecemos petrificados; frente a una intensa frustración explotamos con una ira dirigida al exterior o nos deprimimos; podemos sentirnos descompuestos y devastados por un dolor lacerante; nos dejamos arrastrar por un placer sublime. Las emociones son «cruz y delicia» de nuestro existir y dirigen nuestras acciones más que cualquier razonamiento. En este sentido deben mencionarse los estudios del premio Nobel de economía Daniel Kahneman (2011), los cuales demuestran cómo también en la economía, un terreno aparentemente dominado por los más fríos raciocinios, las acciones casi siempre están determinadas por las repuestas emotivas. Esta es también la opinión de Richard Thaler (Thaler y Sunstein, 2008), galardonado con el premio Nobel de Economía junto con Kahneman, que ha demostrado que nuestras decisiones están fuertemente influenciadas por percepciones transmitidas para desencadenar reacciones emocionales específicas. Esto muestra también la irracionalidad casi total de las decisiones electorales, casi siempre inducidas por fuertes emociones provocadas en el electorado, que casualmente se aprovechan de emociones primarias como el miedo y la ira. Lo mismo acontece en el *marketing* con la llamada «venta emocional», que consiste en proponer una compra inmediatamente después de inducir una experiencia emocionalmente intensa en el potencial comprador. El hecho de que la mayoría de nuestras acciones, incluso las planificadas, están más motivadas por las emociones que por el cálculo racional es una realidad descorazonadora. Por eso es imposible actuar distanciados de nuestro sentir; de lo contrario seríamos aún más sus víctimas y no, como es deseable, artífices. Ninguno de nosotros puede caer en el engaño de no estar sometido a los miedos, dolores, placeres o a la ira. Por eso debemos convertirnos en equilibristas funambulescos en vez de ser rígidos censores y represores de nuestro sentir emocional; si conseguimos domesticar de un modo eficaz nuestras emociones, estas se convierten en nuestro recurso más importante, como han demostrado las disciplinas que tratan de rendimientos evolucionados (Nardone y Bartoli, 2019). Obtenemos nuestros mejores resultados en estado de «inconsciencia educada», impulsados por fuertes motivaciones emocionales que, igual que el viento contra la vela, nos inducen a abandonarnos del todo a los rendimientos. Como recordaba irónicamente el maestro de vuelo en ala delta, el recordado Angelo d'Arrigo, remitiéndose a una cita del ingeniero Ígor Sikorski, según los más estrictos estudios de aerodinámica el abejorro debería ser incapaz de volar, pues la relación entre su cuerpo rechoncho y las alas debería impedírselo; pero el abejorro no lo sabe, y vuela perfectamente. William Shakespeare (Nardone, 2007) argumentaba que «el loco es aquel que quiere expulsar su propia sombra y se pierde dentro de ella»: esto es lo que le sucede a quien, en lugar de hacerse amigo del viento que empuja las velas, intenta controlarlo o reprimirlo. Debemos aprender a aceptar, gestionar y orientar nuestras inevitables reacciones emocionales transformándolas, de presuntos límites en recursos manifiestos. Séneca decía: «Cuando el marino no sabe hacia dónde navega, ningún viento es favorable» (Séneca, 1986-1989).

3. Inducir las emociones

Crear una experiencia emocional

Saber reproducir un fenómeno es uno de los pasos fundamentales para conocerlo y luego gestionarlo. Si no se da eso no hay experimentación, sino solo observación: la evolución del método científico depende de este supuesto. Sin embargo, hay dos formas básicas de experimentar reproduciendo un acontecimiento: en su contexto natural o en laboratorio. La primera metodología es la preferida por las llamadas *soft sciences,* como las ciencias sociales y la antropología; la segunda lo es de las *hard sciences,* como la biología, la química y las disciplinas matemáticas. La física es una excepción porque recurre en igual medida a ambas metodologías de experimentación, aunque históricamente los descubrimientos más importantes se han conseguido mediante ensayos de campo; pensemos, por ejemplo, en Galileo Galilei y en la caída de graves desde la torre de Pisa, o en Isaac Newton y su legendaria manzana. La psicología, al principio eminentemente *soft* por influencia del método experimental estadounidense predominantemente skinneriano, se ha vuelto cada vez más *hard* por basar su experimentación en laboratorio más que en ensayos de campo, que serían preferibles dada su naturaleza de disciplina que estudia al hombre en todas sus expresiones. Este es también, desafortunadamente, el destino de la medicina, en la que se observa un número cada vez más elevado de métodos de diagnóstico y de terapia producidos en el laboratorio y no tanto en la práctica clínica real. La experimentación en laboratorio tiene sin duda la ventaja de un mayor control de las variables y de los factores en juego durante el experimento, pero este es también su principal límite: el entorno construido artificialmente no reproduce la realidad externa al laboratorio; por lo tanto, sus resultados a menudo no coinciden con lo que sucede en la vida real. Es como si en la fabricación de un automóvil se confiara solo en las pruebas obtenidas en laboratorio sin probar el vehículo en carretera. Lamentablemente, el juego perverso de las carreras de los investigadores, basado en publicaciones científicas, induce a producir muchos más trabajos que proceden de investigaciones de laboratorio y no de ensayos de campo, porque aquellos son más fáciles de realizar y más controlables a través del método y, por lo tanto, menos impugnables. El resultado es que, en los últimos años, el número de publicaciones basadas en estudios longitudinales y experimentación en contextos reales de los fenómenos observados es tan reducido que casi parecen una especie en vías de extinción. Además, los estudios de campo que encuentran espacio en las llamadas revistas científicas la mayoría de las veces se consideran poco respetuosos con los estrictos criterios de la metodología de laboratorio. Este descarrilamiento de la investigación, en el sentido de un superpoder otorgado a los métodos de laboratorio y a la medición cuantitativa de los resultados, ha producido sin duda una deformación del conocimiento de los fenómenos estudiados. No obstante, como este es precisamente el sistema para hacer carrera en el ámbito científico, ya nadie se sorprende ni se escandaliza.

Como hemos mostrado en el capítulo anterior, el fenómeno de las emociones, cuando se quiere estudiar su funcionamiento efectivo, se presta muy poco a ese tipo de experimentación artificial y artificiosa, aún más si el objeto de estudio son las modalidades con las que es posible inducir procesos emocionales. Los padres fundadores de la psicología prestaron atención sobre cuán profundamente podía influir la percepción visual en la activación de los mecanismos emocionales: la psicología de la *Gestalt,* o sea, de la «forma», puso de relieve cómo la visión de formas naturales, como el ala de un ave rapaz o el serpentear de un reptil, activaba reacciones inmediatas de alarma, desencadenando la emoción «miedo». Del mismo modo, la visión de un alimento apetitoso provocaba la respuesta inmediata de placer, activando el fenómeno del «hacerse la boca agua»; la visión de una imagen erótica activaba la respuesta de la excitación sexual. Desde el inicio de los estudios psicológicos, los estímulos visuales resultaron ser muy potentes, capaces de activar las reacciones emocionales y los correspondientes actos de comportamiento. Pronto se percibió que lo mismo valía para los cinco sentidos, aunque la visión desempeñaba un papel predominante con respecto a la audición, el olfato, el tacto y el gusto. Después de una primera fase en la que la psicología de la percepción se centró en la dinámica de los sentidos y en la activación de las respuestas psicofisiológicas del organismo a los estímulos sensoriales, los primeros grandes psicólogos tuvieron que enfrentarse a fenómenos que muy poco tenían que ver con los sentidos y los estímulos externos, es decir, con la introspección. Wilhelm Wundt, en el siglo XIX, fue el primero en elaborar el método introspectivo, aunque el filósofo John Locke y mucho antes Platón ya habían formulado hipótesis al respecto. Lo importante es subrayar que los efectos de la introspección —es decir, el hecho de reflexionar sobre la voz interior asociada a la evocación de experiencias, recuerdos y fantasías— no se parecían a los de los cinco sentidos estimulados por la realidad exterior. Mientras tanto, los primeros experimentos sobre fenómenos de sugestión de Franz Anton Mesmer y sobre la hipnosis formalizada posteriormente por James Braid, Jean-Martin Charcot y Benjamin Franklin (Nardone, 1996) demostraron que las emociones, incluidas las abrumadoras, podrían ser inducidas sin el estímulo concreto de los sentidos mediante sugestiones e imágenes guiadas por el hipnotizador experto. Y recuerdo que mucho antes de estos experimentos más sistemáticos y rigurosos, la sugestión y la hipnosis ya eran fenómenos conocidos en la antigua China, en Egipto y en el mundo helénico presocrático. En Oriente Medio esas técnicas ya se utilizaban en el ámbito médico. Los egipcios hablaban del «sueño mágico» (Nardone, 1996), mientras que los antiguos griegos eran maestros en el uso del lenguaje sugestivo, capaz de inducir emociones fuertes tanto en el individuo como en las multitudes.

El arte de inducir emociones para ejercer el poder sobre los demás y sobre uno mismo ha sido objeto de estudio y experimentación durante milenios. Inducir emociones sobre sí mismo o sobre otros a través de prácticas mentales o acciones ritualizadas, como la danza y los ritos iniciáticos esotéricos, produce estados alterados de conciencia (Salvini y Bottini, 2011) capaces de amplificar los rendimientos del individuo como, por ejemplo, en el combate o en la práctica artística (Nardone y Bartoli, 2019), o bien de sugestionar a las masas dirigiéndolas hacia empresas imposibles de otro modo. Son técnicas de las cuales los antiguos tenían una clara experiencia y competencia. El caudillo militar Alejandro Magno, gracias a sus discursos sugestivos, logró persuadir a su ejército, ya agotado, para que lo siguieran hasta India. Además, gracias a lo que había aprendido de su madre —experta en ritos esotéricos a su vez aprendidos, según la leyenda, de quien, se creía, fue el último faraón egipcio—, antes de cada batalla practicaba ejercicios rituales autohipnóticos junto con sus jinetes *hetairoi*. Téngase en cuenta que estos ejemplos todavía se estudian en las escuelas militares como ejemplos de «liderazgo carismático». Las grandes figuras de la historia de la humanidad han recurrido casi siempre a prácticas sugestivas o autohipnóticas (Nardone y Bartoli, 2019), así como los grandes maestros religiosos, caudillos y dictadores han usado el poder de la sugestión en sus discursos y sus comportamientos (Nardone y Watzlawick, 1990). Por lo tanto, lo que los primeros psicólogos y estudiosos de las emociones han demostrado sistemáticamente tiene sus raíces en un pasado bastante más lejano. Eso no reduce el impacto de tales estudios; al contrario, reafirma aún más su importancia: en el siglo XIX se empieza a dar un ropaje científico a prácticas hasta entonces consideradas esotéricas y chamánicas.

Entre finales del siglo XIX y principios del XX, el estudio y la investigación sobre cómo inducir emociones se articuló en dos filones distintos que a partir de entonces tendrán dificultades para unificarse. Por un lado, se inició con impetuosidad el estudio de la hipnosis clínica y del psicoanálisis; por otro, los estudios sobre la psicología de las multitudes comenzaron a ocuparse en profundidad de la sugestión de las masas (Le Bon, 1895; Tarde, 1901, 1969). William James, figura con derecho propio, consiguió evitar la fascinación del psicoanálisis y también el misterio de la hipnosis y no dejarse involucrar en exceso en los estudios sociales. James escribió en 1890 *Principios de psicología,* ya mencionados, donde se ocupa de las emociones y los flujos de conciencia e inconsciencia y hace referencia, sobre todo, al fenómeno de la percepción como una sola entidad con la activación de las emociones como un mismo todo. De hecho, no puede haber respuesta emocional en ausencia de un estímulo perceptivo que la desencadene; por lo tanto, la emoción se transmite por la percepción de un estímulo externo o interno al organismo, que activa su respuesta. Esta dinámica reconocida por la mayoría de los estudiosos se complica en el momento en que la percepción puede ser inducida incluso en ausencia de un estímulo real y concreto: basta evocar el estímulo para que se desencadene la reacción emocional. En otras palabras, una realidad inventada genera efectos concretos en el cuerpo, que responde al estímulo como si fuera real. Este asombroso fenómeno ya era conocido por los antiguos chinos, que lo llamaron «crear de la nada», y por su enorme poder se enumeraba entre las estratagemas fundamentales del arte de vencer. A los sofistas griegos les pertenece el mérito de haber elaborado una comprensión más clara y pragmática del fenómeno, reconduciéndolo al lenguaje y a la comunicación, anticipando más de dos milenios lo que se demostró de una manera sistemática en el siglo XX: para activar el mecanismo percepción → emoción en ausencia de estímulos concretos el lenguaje evocador y el arte de comunicar sugestivamente desempeñan una función fundamental, tanto en el plano individual como en el grupal. Otro fenómeno recientemente estudiado de modo riguroso, pero conocido desde hace tiempo, es la posibilidad de que el sujeto se sugestione mediante visualizaciones, fantasías y diálogos interiores.

Por lo tanto, inducir emociones pasa necesariamente por el uso inteligente de comunicarse con uno mismo y con los demás. Si esto resulta evidente incluso para el no especialista, parece no serlo todavía para muchos estudiosos que se obstinan en considerar las emociones como un fenómeno puramente biológico provocado por cambios en las dinámicas bioquímicas o eléctricas, negando que a su vez estén influenciadas por las interacciones internas del organismo o por las dinámicas externas. Otra forma de distorsión en el estudio de los fenómenos psicológicos deriva del hecho de romper los componentes estudiándolos uno cada vez como si fueran fenómenos autónomos, para luego recomponer el conjunto como la suma de las partes. Esta metodología, por desgracia todavía muy en boga, viola uno de los principios centrales de la física y de la teoría de sistemas, según el cual «el todo es más que la suma de sus partes» en cuanto pone de manifiesto una «calidad emergente» de las interacciones entre los componentes. Las emociones no pueden ser estudiadas como un fenómeno en sí, ya que son expresión de una dinámica interactiva a la que se añade comunicación con los demás, con el mundo y con nosotros mismos. La perspectiva pragmática hace emerger inequívocamente que lo que las activa es la percepción de un «mensaje»/estímulo que procede del interior o del exterior; su reconocimiento, la mayoría de las veces inconsciente porque se basa en una «competencia sin comprensión», da inicio al proceso que conduce a las respuestas emocionales. Por consiguiente, para comprender cómo inducir emociones la observación debe desplazarse al cómo comunicar y cómo inducir experiencias capaces de activar estratégicamente las emociones mismas: de nuevo, se trata de reproducir un fenómeno experimentalmente, dirigiendo las emociones hacia efectos prefijados, no solo en laboratorio, sino sobre todo en contextos naturales.

Volvamos a principios del siglo XX para seguir la evolución de los estudios relacionados con la inducción de las emociones y veamos cómo las dos perspectivas, la dirigida al individuo y la orientada a las interacciones sociales, han producido resultados importantes y han elaborado métodos e instrumentos que van en ese sentido.

Desde la perspectiva individual, los dos primeros planteamientos, diametralmente opuestos, fueron el psicoanálisis, que desarrolló en especial técnicas de introspección, y el conductismo fisiologista, orientado a la elaboración de técnicas de condicionamiento de las respuestas comportamentales. El psicoanálisis se centró en el pensamiento y en la conciencia para inducir al sujeto a elaborar las emociones, mientras que el conductismo se centró en comportamientos modelados por el condicionamiento para controlar sus expresiones. Aunque ambos sean hijos de su tiempo y, por lo tanto, incorporan sus límites, estos dos enfoques teórico-aplicativos continúan teniendo fervientes partidarios y seguidores después de haber dominado el escenario de gran parte del siglo XX, no solo en el campo terapéutico sino también en el cultural. En Europa, Gustav Jung y Alfred Adler, discípulos de Freud (Nardone y Salvini, 2013), ejercieron la hegemonía del estudio de los trastornos mentales, pero incluso en los salones intelectuales y en la literatura los laberintos emocionales del inconsciente y sus repercusiones en el hacer del individuo se convirtieron en temas centrales y fascinantes, también para el público en general. Al otro lado del océano, John Watson y Burrhus Skinner (Nardone y Salvini, 2013) asumieron el papel de científicos de la psicología y de la conducta humana: desde entonces, el enfoque metodológico en la investigación de tipo conductista sigue siendo el paradigma fundamental para conocer científicamente la realidad de las cosas. Una observación tan curiosa como trágica, que une a Freud, Watson y Skinner y que debe hacernos reflexionar sobre cuán peligroso puede ser «enamorarse» de las propias ideas, es que los tres aplicaron sus teorías a sus hijos con resultados pésimos. Otros eruditos, experimentadores y terapeutas, como Milton Erickson y Carl Rogers (Nardone y Salvini, 2013), propusieron métodos alternativos al psicoanálisis y al conductismo, pero por más que ambos consiguieran éxitos y reconocimientos ya en vida, su trabajo solo ejerció un influjo comparable décadas después, cuando sus teorías y prácticas conquistaron la reputación que habían merecido. Erickson continuó y renovó la tradición de la hipnosis y de la sugestión. En su incesante trabajo de experimentación no solo desarrolló una miríada de técnicas hipnóticas que constituyen la base de los tratamientos modernos terapéuticos estratégicos, sino que también llevó a cabo brillantes experimentaciones sobre el funcionamiento de los fenómenos hipnóticos y el lenguaje correlativo, abriendo nuevos caminos al estudio sobre cómo inducir y gestionar las emociones. A pesar de su éxito profesional, sufrió una dura oposición por parte del mundo académico estadounidense dominado por el paradigma conductista, hasta que fue expulsado de la Sociedad Psiquiátrica por sus «métodos poco ortodoxos».

Fue readmitido con todos los honores pasadas algunas décadas: también hay emociones. Carl Rogers, en cambio, fue el primero en llevar a cabo, desde el interior del mundo académico, investigaciones significativas sobre la influencia de la «relación» entre personas en la inducción y la orientación de las respuestas emocionales. Las técnicas desarrolladas por Rogers, como el *mirroring* del lenguaje y los contenidos expresados por el sujeto en el transcurso de una entrevista, pusieron de relieve el fenómeno de la «empatía» o emoción compartida entre los dialogantes. Su trabajo ha recibido amplia confirmación por parte de las neurociencias modernas con el descubrimiento de las «neuronas espejo» y el funcionamiento de las mismas (Rizzolatti y Sinigaglia, 2006; Ramachandran, 2010).

De modo que, por lo tanto, es posible esquematizar las cuatro tradiciones teórico-aplicativas de la primera mitad del siglo xx con relación a la inducción de las emociones:

- el *psicoanálisis* propone inducir emociones por medio de la evocación —en un estado de relajación, con los ojos cerrados y cómodamente relajado— de recuerdos, sueños o experiencias intensas para hacer emerger contenidos inconscientes, la mayoría de las veces reprimidos por el sujeto. Las emociones, por lo tanto, son evocadas a través de «asociaciones libres» que el sujeto expresa y que luego el analista interpreta;
- el *behaviorismo* propone inducir emociones a través de estímulos de reflejos fisiológicos condicionados. Su método es eminentemente experimental de laboratorio y pretende controlar y manipular las reacciones emocionales mediante refuerzos y cas-

tigos aplicados a las respuestas provocadas en el sujeto;
— la *hipnosis ericksoniana* ofrece técnicas de sugestión basadas en la comunicación y en estrategias hipnóticas centradas en uno o más sentidos, en imaginaciones y visualizaciones evocadas convocadas o guiadas y acciones ritualizadas. Las emociones son estimuladas creando estados alterados de conciencia que amplifican las percepciones externas e internas del individuo;
— el enfoque *rogeriano* pone la atención en los aspectos de la «relación empática» como método fundamental para evocar emociones, compartidas entre dos sujetos que dialogan. Las emociones son elaboradas y orientadas en virtud de ese contexto interpersonal.

Desde las ciencias psicosociales de los primeros cincuenta años del siglo XX, el estudio sobre la inducción de emociones se concentró principalmente en cómo esos procesos podían influir en las actuaciones de los grupos y de las masas. Gustav Le Bon (1895), el primer gran estudioso moderno de la psicología de las multitudes, afirmó que el individuo inmerso en una masa está como hipnotizado y se comporta como una gota de agua en la corriente, que lo arrastra a hacer cosas que nunca sería capaz de hacer solo. La emoción de la multitud contagia al individuo y lo induce a uniformarse con el sentimiento colectivo. En la misma línea de pensamiento, los estudios de Gabriel Tarde (1901) mostraron que los grupos responden rápidamente a las sugestiones que se aprovechan de las emociones más básicas como el miedo o la ira y a partir de ellas ponen en práctica comportamientos también del todo irracionales. Como ya observaba Aristóteles, la multitud es comparable a un rebaño de ovejas que, cuando se asustan, son capaces de saltar a un barranco con tal de salvarse. Le Bon y Tarde, sin embargo, se distancian de Aristóteles (2018) porque se refieren al comportamiento emocional de una multitud compuesta por personas inteligentes y sanas, como eran las poblaciones alemanas, italianas y japonesas que, sugestionadas por la propaganda y la evocación de la identidad nacional, actuaron muy alejadas de los criterios de la razón y el sentido común. Lo que quedó claro es el poder formidable de la comunicación de masas, cuyos componentes más eficaces se estudiaron sistemáticamente en la inducción de las arrolladoras emociones de las masas, así como el «estilo de la propaganda», hoy cuestionado constantemente pero siempre utilizado en las campañas políticas e ideológicas.

En el mismo período, en el ámbito comercial, con el impulso de las exigencias de las primeras grandes industrias, se iniciaron experimentaciones sobre cómo evocar emociones que inducen a decisiones específicas de compra. Nacieron las primeras campañas promocionales y las primeras formas de publicidad que se aprovechaban de las emociones más elementales, como el placer, la sorpresa, el miedo o el dolor, para inducir a la compra de determinados productos. Es curioso notar la relevancia que se dio a los mensajes subliminales en la promoción de productos, es decir, a formas de comunicación sugestiva ocultas detrás de mensajes promocionales aparentemente inocuos.

El estudio y la experimentación de cómo suscitar emociones de un modo estratégico afectó también al mundo de la productividad industrial. En este sentido, hizo escuela el conocido «efecto Hawthorne» de Elton Mayo (1949), descubierto en los años treinta del pasado siglo. Mayo demostró que era suficiente hacer saber a los trabajadores de la fábrica que algunos investigadores habían estudiado cómo mejorar su bienestar durante el trabajo para lograr el efecto de aumentar la productividad de un modo significativo. De nuevo afloró con claridad el poder de comunicación para influir en las emociones y en el comportamiento de un grupo; la expectativa de que los estudiosos habrían mejorado sus condiciones laborales produjo el efecto deseado: una profecía que se autocumple. Kurt Lewin (2005), el más influyente de los psicólogos sociales, puso de relieve con total claridad en su «teoría del cambio social» la manera en la que las dinámicas de relación y comunicación influyen en las emociones, a nivel del individuo y del grupo, pero también cómo estas, a su vez, están influenciadas por el sentir social-comunitario compartido. De este modo evidenció la naturaleza interactiva en la activación de las emociones, superando la perspectiva causal y lineal a favor de una dinámica de reciprocidad circular. Junto con Ronald Lippit y Ralph K. White (Lewin, Lippit y White, 1939), Lewin formuló la primera «teoría del liderazgo», también fuertemente basada en la capacidad del líder de convocar estratégicamente las emociones en sus colaboradores y subordinados. Podemos así resumir los factores centrales de la inducción y transmisión de las emociones a nivel social:

— el *efecto multitud,* o el fenómeno sugestivo por el que un sujeto, en el interior de un grupo numeroso de personas unidas por un propósito común, se transforma emocionalmente y se encuentra actuando bajo el empuje de un sentimiento común;

— el *contagio emocional,* es decir, el fenómeno comunicativo que induce al individuo a reconocerse en el sentimiento del grupo de referencia;
— la *comunicación de masas* propagandista como instrumento fundamental para inducir emociones y comportamientos en grupos y multitudes;
— la *comunicación comercial y promocional* que apunta a evocar emociones para inducir decisiones de compra, recurriendo a veces a mensajes subliminales;
— la *creación de expectativas* para inducir emociones y mecanismos de «profecía autocumplida» a través de textos publicitarios como «rumores», esto es, el virus de los *rumores* informativos;
— el *rol del líder* capaz de activar las emociones;
— la *circularidad* entre sentir, actuar y comunicarse entre individuos, grupos y masas que sustituye una dinámica lineal y heterodirecta.

Como el lector entenderá perfectamente, estas contribuciones al estudio de la dinámica de las emociones en el plano individual, social y grupal todavía siguen siendo muy actuales. Veremos, no obstante, que en la segunda mitad del siglo XX la situación evolucionó, y no siempre para mejor, y cómo en los últimos veinte años el debate científico sobre la dinámica de las emociones, en algunos aspectos, nos lleva de vuelta a las investigaciones de finales del siglo.

En los períodos que siguen a los grandes conflictos la humanidad siempre ha encontrado nuevos impulsos en el estudio del hombre, de sus emociones y comportamientos. Tras la Segunda Guerra Mundial florecieron novedosos enfoques de la investigación y se formalizaron teorías. Uno de ellos, a modo de nuevo y fundamental paradigma metodológico, introdujo una perspectiva multidisciplinaria, como en el caso del proyecto sobre la personalidad autoritaria y la Scala F, en el que estaban implicados, además de conocidos psicólogos y psiquiatras, filósofos, sociólogos y antropólogos. Los estudiosos se preguntaron de qué modo un sujeto podría desarrollar las características psicológicas de un nuevo Hitler o un redivivo Mussolini. En un gran estudio sobre la comunicación, Gregory Bateson (1973) involucró a numerosos científicos provenientes de disciplinas muy diferentes: la antropóloga Margaret Mead, el psiquiatra William Ashby y el matemático John von Neumann, el padre de la cibernética Norbert Wiener, el teórico de sistemas Ludwig von Bertalanffy, los psicólogos Kurt Lewin y Ray Birdwhistell, el físico y filósofo Heinz von Foerster, a los que se añadiría el psiquiatra y estudioso de la homeostasis familiar Donald Jackson, el ingeniero John Weakland (Watzlawick y Weakland, 1974; Watzlawick, Weakland y Fisch, 1974), el lingüista Jay Haley, el filósofo Paul Watzlawick, la psicóloga Virginia Satir y otros más. Esta investigación interdisciplinar sobre los efectos de la comunicación en las emociones y en el comportamiento del hombre condujo a una serie de formulaciones teóricas y aplicativas en diversos sectores de la ciencia y la tecnología. Tras más de dos milenios, o después del espléndido y fecundo período de la retórica del mundo helénico, la comunicación humana volvió a ocupar el centro del estudio sobre cómo crear y gestionar emociones y conductas. Las relaciones interpersonales en el seno de las familias y los fenómenos sociales más amplios, además de las reacciones individuales, fueron estudiados a la luz de los efectos pragmáticos de la comunicación. Los textos redactados por numerosos autores se convirtieron rápidamente, aparte de en *best sellers,* en el fundamento teórico-aplicativo de lo que luego se definiría como el enfoque interaccional de la Escuela de Palo Alto (Watzlawick, Beavin y Jackson, 1967), constituyendo una alternativa al psicoanálisis y al conductismo. Las emociones y su activación fueron reducidos a efectos de la comunicación del individuo consigo mismo, con los demás y con el mundo (Watzlawick, Beavin y Jackson, 1967) y al estudio empírico de cómo esta dinámica induce a las personas a modificar el propio sentir y obrar. De todo esto se derivó la innovadora «teoría del cambio» (Watzlawick, Weakland y Fisch, 1974), que no casualmente también implicó el estudio de los fenómenos hipnóticos y de la comunicación sugestiva de Milton Erickson. De este connubio feliz nació lo que hoy se conoce como enfoque interaccional estratégico (Nardone y Watzlawick, 1990; Watzlawick y Nardone, 1997; Nardone y Portelli, 2005). Sin embargo, mientras las disciplinas sociales y psicológicas exploraban esta importante área de investigación comenzó a ganar terreno la psiquiatría biologista, o un acercamiento a la enfermedad mental basado en curas predominantemente quirúrgicas, farmacológicas y electromagnéticas. En la segunda posguerra se difundieron prácticas psiquiátricas como la lobotomía y el electrochoque; luego surgieron los primeros psicofármacos que prometían la sedación de las emociones negativas y la inducción de las positivas. El gran escritor Ernest Hemingway fue una de las víctimas de esa promesa. Sometido a numerosas descargas eléctricas, el escritor sufrió graves problemas de memoria que lo condujeron a la desesperación y finalmente al suicidio.

En un período de grandes cambios sociales, que coincidió con la *beat generation* y sus mensajes de liberación de las emociones y de los comportamientos, entraba en escena el enfoque psiquiátrico organicista que, como veremos, se convertirá en el gólem moderno de la gestión de las emociones. Los movimientos sociopolíticos y culturales de los años sesenta y setenta del pasado siglo, con su empuje al cambio de costumbres y de estilos de vida, también introdujeron en Occidente el pensamiento y las prácticas de la meditación, dando inicio a lo que hoy definimos como *new age*. En este ámbito, las emociones se consideran el impulso natural para la realización de una vida libre de los condicionamientos de la cultura occidental y capitalista, basada en el beneficio y la producción de bienes. Prácticas como el yoga, la meditación y el tantrismo se convirtieron en las banderas de este movimiento sociocultural. Muchos estudiosos se convirtieron a esas ideas, incluidas dos figuras eminentes en el campo del estudio de las emociones: Richard Davidson y Daniel Goleman se convertirían en los principales partidarios, en el ámbito psicológico, de las prácticas de meditación como técnica para la inducción y la gestión de las emociones.

La psicología humanista (Mayo de 1968; Maslow, 1991), a su vez crecida sobre el impulso de los profundos cambios sociales de esos años, se orientó en particular al estudio de las formas de relación, desarrollando técnicas psicológicas basadas sobre todo en la empatía, tal como había propuesto Carl Rogers. Las emociones deben expresarse de manera genuina y auténtica para mejorar la relación entre las personas.

En esas décadas, el estudio de las emociones también recibió un fuerte impulso de la investigación psicológica más exquisitamente académica. Philip Zimbardo (Sirigatti, Stefanile y Nardone, 2008), con sus asombrosos estudios sobre el «efecto Lucifer», y Stanley Milgram (Sirigatti, Stefanile y Nardone, 2008), con sus experimentaciones sobre los «carceleros», pusieron de relieve cómo individuos normales y sanos, puestos en situaciones particulares, se convertían en torturadores sádicos. El rol social y el poder emergían claramente como factores que pueden influir profundamente en las emociones. Robert Rosenthal (Rosenthal y Jacobson, 1968), con su sorprendente estudio empírico sobre el «efecto Pigmalión», mostró cómo una relación confiada y capaz de estimular las expectativas positivas tendía a mejorar el rendimiento de los individuos, tanto en los niños en la escuela como en los adultos en circunstancias profesionales. Por lo tanto, sería posible inducir, mediante actitudes particulares, emociones positivas y comportamientos constructivos.

Los mecanismos del sentir y del obrar humanos se convirtieron en materia de estudios experimentales que han hecho la historia de la psicología moderna, llevando a considerar esos fenómenos como una dinámica compleja influenciada por numerosos factores, a veces incluso impredecibles en cuanto son fruto de situaciones excepcionales. Lo más sorprendente de todo esto es que todos podemos ser transformados en ángeles o en demonios, arrastrados por las emociones inducidas por el contexto específico en el que podemos hallarnos. Por lo tanto, se deduce que la activación de las emociones es principalmente un fenómeno vinculado a la comunicación y a la relación, sin excluir, sin embargo, que todo eso también pueda suceder en el diálogo interior o por efecto de fantasías o visualizaciones, como quisieran los estudiosos inclinados hacia posiciones ambientalistas.

Ernest Hilgard (1959), mientras tanto, reanudó la tradición de la hipnosis, estudiándola con los rigurosos métodos de la investigación de laboratorio y desarrollando una «escala de susceptibilidad hipnótica». De esta forma liberó la hipnosis del halo mágico-mistérico que siempre la había envuelto, pero al mismo tiempo limitó su alcance a la práctica medicopsicológica. Sin embargo, sus experimentaciones demostraron de un modo indiscutible que el estado hipnótico constituía una realidad psicofisiológica dentro de la cual el sujeto amplificaba su percepción liberándola de las censuras de la racionalidad típicas de la conciencia. El estado hipnótico se convertía, por lo tanto, en el medio privilegiado para inducir percepciones y emociones. En el mismo ámbito de investigación, el trabajo de Milton Erickson fue reanudado por numerosos estudiosos representantes de diferentes perspectivas teórico-aplicativas. Jay Haley (1973) propuso la hipnosis desde un enfoque sistémico-familiar; Ernest Rossi (1980) como una modalidad psicoanalítica; Steve de Shazer (1986) como una orientación enfocada a encontrar soluciones terapéuticas rápidas; Richard Bandler y John Grinder (1984) como el principal soporte para la programación neurolingüística. Como en la antigua metáfora del «lecho de Procusto», se inició una competición para ver quién conseguía desarrollar mejor el formidable trabajo aplicativo de Milton Erickson como hipnotizador y terapeuta, precisamente por su capacidad de evocar en las personas emociones correctoras de sus propios problemas. A diferencia de Hilgard, que era un investigador riguroso, Erickson era más bien un clínico del enfoque pragmático, y por esa razón nunca formuló su propio modelo teórico-aplicativo específico. Si, por un lado, esto ha permitido producir una miríada de técnicas terapéuticas eficaces, por otro ha permitido que numerosas derivaciones de la hipnosis y de la comunicación sugestiva se difundieran tanto en el ámbito clínico como en el del crecimiento personal, con resultados de dudosa sistematicidad, caracterizados por el poco rigor y la escasa eficacia. Los llamados «motivadores», por su indudable encanto y la promesa de éxito personal, atraen a multitudes engañadas por la promesa de adquirir habilidades extraordinarias como las del gran maestro y de otros «gurús», que mientras tanto han construido su «camino» hacia la felicidad y el éxito.

En la década de 1980, con el advenimiento del cognitivismo, se asienta la idea de que el pensamiento consciente preside cualquier actividad mental, emociones incluidas. La investigación, por lo tanto, se orienta sobre todo en esa dirección. Por un lado, los primeros estudios de la inteligencia artificial y el desarrollo de las primeras computadoras; por otro, la formulación de modelos psicológicos, como la «psicología de los constructos personales» de George Kelly (1955) o la teoría de Albert Ellis (1975) sobre las «ideas irracionales», desplazaban la atención sobre los procesos cognitivos en la inducción y el control de las emociones. Como veremos en el próximo capítulo, será el aspecto del control de los fenómenos emocionales mediante técnicas cognitivas lo que tomará el relevo en el interior de la investigación y las teorías psicológicas.

En el mismo período, la investigación química farmacéutica produjo lo que todavía hoy son los *best sellers* de la psicofarmacología: ansiolíticos, antidepresivos, neurolépticos, tranquilizantes y antipsicóticos. Las «píldoras de la felicidad» (Kramer, 1993) se convirtieron en la vía privilegiada para la rápida represión de las emociones negativas y para la inducción de las positivas. Neurotransmisores, como la serotonina y la dopamina (Cassano, 1996), son presentados como los principales responsables de nuestros estados de ánimo; su regulación mediante sustancias químicas específicas constituye la base segura de la serenidad del individuo. Las grandes campañas publicitarias de las compañías farmacéuticas, que en ocasiones recurren a las estrategias de la desinformación, de la censura, de las informaciones dirigidas, de la influencia económica sobre la investigación y sobre el desarrollo de la nosografía psiquiátrica (los manuales DSM, *Diagnostic and Statistical Manual of Mental Disorders 1-5* y la ICD, *International Classification of Diseases 1-11*) hacen que las drogas psicotrópicas sean utilizadas por la población de los países más avanzados en un porcentaje muy elevado. Incluso se propone la idea de una sociedad que pueda gestionar químicamente el bienestar de la población, induciendo emociones positivas y parando las negativas. Otros estudiosos opinan de otra manera y se inclinan por una vía más natural: entre ellos hay que mencionar a Richard Davidson, Daniel Goleman y Paul Ekman, puntos de referencia esenciales en el estudio de las emociones. En particular, Davidson y Goleman han demostrado siempre un gran interés por el budismo tibetano y sus prácticas de meditación, por los temas de la compasión y la aceptación, entrando incluso, como ya hemos mencionado, en contacto personal con el Dalái Lama, a quien Davidson le prometió, a principios de la década de 1990 (Davidson y Begley, 2012), demostrar la eficacia de sus enseñanzas en la promoción del bienestar del individuo y en la cura de los desasosiegos psicológicos. Davidson demostró el poder de la meditación y su influencia en las emociones, aunque con un entusiasmo ideológico un poco forzado. Sus experimentos sobre determinadas áreas del cerebro, como la corteza frontal izquierda, activadas con la práctica de la meditación en asociación con la estimulación de otras áreas, como la amígdala, responsable de la respuesta del miedo, no demuestran necesariamente que la primera influya sobre la segunda. De hecho, como indica la metodología de la investigación, el hecho de que dos factores varíen simultáneamente no indica una relación de causalidad directa entre ellos. Se trata, en general, del problema metodológico de las neurociencias modernas, que al localizar la activación de zonas del cerebro en concomitancia con una emoción particular inducida deducen erróneamente que aquella es la responsable. La correlación no es causalidad. Además, la secuencia causal del fenómeno puede ser revertida, es decir, es una determinada percepción/emoción lo que activa ciertas áreas del cerebro y no es la activación de estas lo que induce la emoción. Por lo demás, también se confirma eso por la práctica de determinados ejercicios como las visualizaciones o el sometimiento a ciertos estímulos, aparte de la meditación misma, capaces de desencadenar emociones que activan las correspondientes áreas cerebrales específicas. Además, aunque practicar formas de meditación puede producir emociones, eso mismo debería valer para todas las prácticas y no solo para las que nos remiten a la tradición tibetana, y por tanto, también para la meditación precristiana, los ejercicios espirituales de Ignacio de Loyola, la meditación en movimiento, los caminantes en círculo y la práctica del taichí, la autohipnosis y las visualizaciones guiadas.

En la misma dirección van los estudios y las propuestas operativas de Daniel Goleman, amigo de Davidson desde la época de la universidad, que en el período de la protesta juvenil circulaba con un pequeño autobús Volkswagen pintado con las imágenes de santones orientales. Su trabajo sobre la inteligencia emocional está fuertemente influenciado por la filosofía tibetana. Goleman también escribió un texto a cuatro manos con el Dalái Lama (Goleman y Dalái Lama, 2003). Todo esto no quita valor a su trabajo y mucho menos al decididamente más riguroso de Davidson, que no obstante parece ideológicamente sesgado. Por otro lado, son bienvenidas propuestas teórico-aplicativas que aprovechan más los recursos naturales del individuo que las formas de manipulación química, electromagnética y tecnológica.

El portentoso desarrollo de las neurociencias en los últimos veinte años, aunque por un lado condujeron a importantes descubrimientos sobre el funcionamiento del cerebro, por otro despertaron el furor biologista y organicista de la investigación sobre el funcionamiento de las emociones, reavivando la secular disputa entre quienes creen que nacemos determinados en todo y para todo y quienes creen que devenimos lo que somos en virtud de las experiencias. Recientemente, Kristen A. Lindquist (Lindquist *et al.,* 2012) ha elaborado un metaanálisis complejo de los estudios de las neurociencias afectivas, que se ocupan específicamente de las emociones, con el objetivo de comparar el peso científico de las investigaciones que sostienen la tesis «locacionista» y la «constructivista». Para los locacionistas, cada emoción primaria tiene una sede específica responsable de su activación y regulación: la amígdala, por ejemplo, sería la responsable del miedo.

Para los constructivistas, en cambio, todo el sistema cerebro/mente siempre estaría involucrado en una interacción entre sus componentes para la activación de una emoción. Eso mismo registra el estudio del funcionamiento de las emociones a finales del siglo XIX, olvidando que William James ya había resuelto la cuestión en un sentido pragmático (1890): ni se nace ni se deviene; más bien «se nace y se deviene» (Nardone, 2017). En otros términos, ningún estudio demuestra la exclusividad de uno de los dos factores evolutivos; por el contrario, se impone que naturaleza y experiencia interactúan continuamente, con un influjo mutuo. Como ha demostrado la epigenética durante décadas, en nuestro organismo no hay nada fisiológico que no sea también psicológico, y, a la inversa, nada que sea puramente psicológico y experiencial. El problema, sin embargo, es que detrás de posiciones presentadas como científicas demasiado a menudo hay fuertes intereses económicos. Si se demuestra que un órgano rige totalmente y de manera autónoma la activación y la regulación de una emoción, se deriva de aquí que intervenir químicamente, quirúrgicamente y electromagnéticamente en ese órgano permite controlar aquella reacción emocional. Apoyándose en esta manipulación metodológica se desarrollaron los primeros medicamentos antipánico, que inhibiendo la funcionalidad de la amígdala deberían inhibir también el pánico. Un efecto que, para desgracia de las compañías farmacéuticas, no se obtuvo. Como ha demostrado uno de los padres de las neurociencias modernas, António Damásio, en la mejor de las hipótesis ese medicamento produce una inhibición de las reacciones de ansiedad, pero no influye en modo alguno en la percepción del miedo. Sería como enyesar completamente a un sujeto y luego administrarle estímulos que lo atemorizan: el sujeto no podría reaccionar, pero precisamente por esto se sentiría aún más aterrorizado. En la misma línea, Michael Gazzaniga (1999) y, sobre todo, Joseph LeDoux (2002; 2015), el más eminente estudioso de la ansiedad, demuestran que para superar un miedo incapacitante es indispensable la experiencia real y concreta de su superación. No obstante, se siguen prescribiendo ciertos medicamentos y sobre todo se proponen nuevas terapias basadas en la administración de ultrasonidos de baja frecuencia que atacan el órgano «que funciona mal», las microelectroconvulsiones o incluso la instalación de microchips conectados a las áreas del cerebro que han de ser estimuladas para producir una cierta reacción. Sin querer provocar algún tipo de ansiedad catastrofista, esto debe hacernos reflexionar sobre cómo y cuánto influyen las ideologías, las creencias y los intereses económicos en la «llamada» investigación científica, y cuán alertas y atentos hay que estar a lo que se nos proponga a partir de los resultados, especialmente cuando está en juego el funcionamiento de nuestra mente.

Llegados a este punto podemos señalar una serie de líneas de orientación:

- las emociones pueden ser inducidas por estímulos tanto reales como imaginarios. Por lo tanto, su activación puede partir tanto desde fuera como desde dentro del organismo;
- la emoción se activa con el reconocimiento subcortical, y no consciente, de un estímulo. Por lo tanto, los procesos perceptivos influyen en los emocionales, que a su vez amplifican, reducen o distorsionan las percepciones. Percepciones y emociones

se influyen mutuamente en un proceso interactivo continuo de causalidad circular;

— la comunicación entre el sujeto —su sí mismo—, los demás y el mundo es el principal vehículo de inducción de la activación emocional. Las experiencias que vivamos y el lenguaje que utilicemos van a influir de manera determinante en tales procesos. Las modalidades de comunicación influyen en el contenido de la sensación; igualmente, el modo en que siento determina lo que comunico;

— la sugestión como fenómeno experiencial autoinducido o heteroinducido ejerce un efecto notable sobre nuestro sentir y nuestro hacer. Lo que llega al paleoencéfalo, sorteando las resistencias cognitivas y el control consciente, induce reacciones emocionales inconscientes, a menudo vehementes;

— la conciencia ejerce un escaso poder frente a los procesos emocionales, mientras que a menudo estos influyen en el actuar consciente. Por eso, la idea de poder controlar del todo las emociones mediante la conciencia lúcida es una piadosa ilusión. Como diría Nietzsche: «Es preciso tener un caos dentro de sí para poder dar a luz una estrella danzante».

4. Gestionar las emociones

Premisa

Hace años me encontraba en China para un tipo particular de entrenamiento marcial. El Maestro, fundador de esta forma de entrenamiento intensivo, excampeón invicto de pelea, se abrió conmigo y me confió que, en su nuevo trabajo, en estrecha dependencia de la cúpula militar, todas las mañanas se despertaba como si hubiera dormido junto a un tigre, sin saber si el felino iba a lamerlo o a despedazarlo. Esta anécdota, ya mencionada en un libro dedicado al arte de la estratagema (Nardone, 2003 a o b), me parece la introducción más adecuada al tema de la gestión de las emociones primarias. Como el tigre que angustiaba a aquel luchador invencible, las emociones primarias son temibles precisamente por su imprevisibilidad. Además, la analogía con el felino que aterroriza y al mismo tiempo fascina por su misteriosa belleza encaja perfectamente con el tema de la gestión de nuestras reacciones más arcaicas, y la utilizan el taoísmo y el budismo zen precisamente para representar la forma en que el hombre puede aprender a mantener a raya sus instintos y pasiones. Por esas razones, este capítulo se subdivide en apartados con títulos evocadores que se refieren a la relación con nuestro «tigre interior».

Domesticar el tigre interior

Como hemos especificado en la primera parte de esta exposición, nuestro «tigre interior» se expresa de cuatro modos: a través del miedo, el placer, el dolor y la ira. A estas cuatro sensaciones primitivas, que en los animales superiores la evolución ha transformado en percepciones/emociones, pueden reducirse todas las otras expresiones emocionales primarias, secundarias y sociales. Esta simplificación, en absoluto reduccionista, sino respetuosa tanto con las observaciones como con los principios naturales evolutivos, los nexos de causalidad circular de las dinámicas perceptivo-emocionales y sus efectos sobre el comportamiento y sobre las cogniciones, es en sí misma un primer acto de gestión pragmática, ya que la gestión de las cuatro emociones básicas nos permite intervenir, en una especie de «efecto dominó causal», sobre cada una de las veintisiete emociones enumeradas por las clasificaciones más recientes. Esto representa una especie de palanca ventajosa con la que presionar para desencadenar procesos aún más complicados como, por ejemplo, en el ámbito relacional y social, aparte de gestionar las complejas dinámicas biopsicológicas internas de nuestro organismo.

Por lo tanto, «domesticar el tigre» significa aprender a gestionar nuestros miedos, nuestros placeres, nuestros dolores y nuestra ira; y luego, a través de tales adquisiciones fundamentales, gestionar todas las otras dinámicas emocionales. Domesticar no significa, como veremos en detalle, reprimir coercitivamente las emociones, ni enjaularlas para limitar su rango de acción, o bien manipularlas, condicionándolas pavlovianamente o tratando de someterlas a la racionalidad. Domesticar, por otra, parte, tampoco significa liberarlas y dejar que se expresen «espontáneamente»:

sería este un resultado peligroso y en absoluto «natural», puesto que lo que llamamos espontáneo no es más que una serie de aprendizajes que se han convertido en adquisiciones o en hábitos (Mazzucchelli, 2019). Domesticar significa, en cambio, hacerse amigo de la fiera salvaje de nuestro interior, cómplices complacidos danzando con ella, manteniendo un equilibrio funambulista entre el impulso pasional y la tendencia a no poner un pie en falso y caer ruinosamente, sino más bien a desarrollar, a través del ejercicio, capacidades cada vez más elevadas. Para superarnos a nosotros mismos (Nardone y Bartoli 2019), efectivamente, debemos educar nuestra inconsciencia y, gracias a ello, crear esos «estados de gracia» que nos permiten obtener rendimientos extraordinarios. Por lo demás, hoy sabemos, no solo en virtud de investigaciones científicas bien documentadas, sino también de observaciones y experimentaciones más aplicativas, que las emociones determinan gran parte de nuestro obrar incluso cuando este podría parecer dominado por un razonamiento frío, como en el caso de las decisiones militares y de las opciones económicas (Kahneman, 2011; Thaler y Sunstein, 2008).

Aclarados esos importantes aspectos preliminares, ahora podemos exponer qué nos enseña la experiencia aplicada sobre lo que hay que evitar hacer, primero, y sobre lo que debemos hacer, después, para domesticar a nuestro tigre interior.

Liberar el tigre: el mito de descargar las emociones

La idea de que las emociones funcionarían como un sistema hidráulico continúa difundiéndose no solo en la sensibilidad común, sino también en algunas prácticas que señalan la descarga del acúmulo de tensiones emocionales como la forma de liberarse del estrés y lograr el bienestar y hasta la felicidad. La imagen de la carga emocional negativa como reservorio demasiado lleno o como dique que corre el riesgo de derrumbarse por la presión excesiva del agua es tan inmediata que parece verdadera. El mismo Freud estaba convencido de ello. Esta representación es más convincente aún porque recuerda los principios de las «ciencias exactas», especialmente de la física. Desafortunadamente, como hemos visto, las dinámicas emocionales funcionan de manera muy diferente a las de un sistema hidráulico que, una vez liberado de la sobrecarga, reanuda el funcionamiento correcto. Esas asociaciones y las consecuencias directas que de ellas se derivan en el plano aplicativo, son muy poco eficaces, si no contraproducentes. Si, por ejemplo, trato de desahogarme con una persona dispuesta a escuchar mi ira contra alguien que me ha agraviado, no solo no disminuye la ira, sino que aumenta en virtud del hecho de que quien me escucha, aceptando mi tesis, confirma su veracidad. En el momento del desahogo verbal tengo la impresión de aligerar el peso del agravio y descargar la tensión debida a la ira, pero sin embargo esta termina presentándose potenciada y en nada reducida.

En el caso del miedo, el mecanismo es aún más sutil: si hablo de él, con el objetivo de reducir la ansiedad que me atenaza, termino exacerbándolo. Socializar el miedo lo hace aún más real (Nardone, 1998, 2013), y si nuestros interlocutores intentan apoyarnos, más intenso aún. Convalidando nuestra incapacidad de manejar esa emoción no hacemos más que aumentar el miedo. Si tratamos de liberarnos de un placer al que ya no queremos estar subyugados, el efecto es más directo, pero cuanto más hablamos de él, más nos place y terminamos siendo atraídos por él de un modo irresistible. En el caso del dolor, podría parecer evidente que hablar de él sirve para arrojarlo fuera de sí mismo, aligerando su tortura, aunque seguramente el efecto no sea el deseado. Desahogándonos con alguien que intenta consolarnos desencadenamos una dinámica por la que el hecho mismo de sentir dolor ya produce una peligrosa ventaja secundaria: la de considerarnos importantes para el otro que nos atiende. Esto tiende a hundirnos en el dolor en lugar de librarnos del mismo. A menudo, ser víctimas seduce porque nos permite atraer más atenciones afectuosas. Un desahogo verbal, por lo tanto, no nos permite liberarnos de nuestros malestares. Al principio nos sentimos aliviados, pero luego quedamos forzados a enfrentarnos a un empeoramiento de la condición.

Más deletéreo aún es descargar la emoción que nos atormenta consintiéndola libremente o dejándonos llevar por ella como si estuviera a punto de agotarse. Si me abandono al impulso del miedo, evito todo lo que temo y pido protección para hacer frente a todo lo que no puedo evitar. Actuando así me siento seguro, pero alimento la fuerza del miedo, que irá limitándome cada vez más (Nardone, 1993, 2003 a o b, 2016) hasta transformarlo en un auténtico pánico. Si me suelto a la ira llevaré a cabo acciones de las que me arrepentiré amargamente: la ira oscurece la mente y conduce a reacciones agresivas y fuera de control, a menudo contra personas inocentes. Si me dejo llevar libremente por el placer, hasta el punto de que me atrapa, ya no seré libre de elegir: algo que debería liberarme me aprisiona. Si me abandono al dolor corro el riesgo de que me absorba hasta el punto de autodestruirme. El mito del efecto taumatúrgico del desahogarse y abandonarse a una emoción se derrumba sobre sí mismo cuando se lo somete a la prueba empírica no solo en lo inmediato, sino también en vista de sus efectos a corto y largo plazo.

Una leyenda irlandesa cuenta que un príncipe, que fue enviado a la batalla, dejó a su esposa y a su hija bajo la protección de un perro grande. A su regreso, unos días después, subió las escaleras que conducían a la torre donde había dejado instalada a su familia y observó abundantes rastros de sangre. Allí encontró al perro, que acudió a su encuentro, ensangrentado. Al no oír a nadie, el príncipe pensó que su esposa y su hija habían sido atacadas por este, por lo que lo atravesó con su espada, pues lo consideraba culpable de no haberlas protegido. Más tarde subió a la habitación y encontró allí a las dos mujeres, tranquilamente dormidas, junto a dos grandes lobos muertos por el perro en el que otrora había confiado.

Apresar el tigre: el mito del control de las emociones

Cualquier exceso de virtud se transforma en defecto. Así sucede también con la inteligencia, considerada la virtud más elevada (Nardone, 2013). En cuanto a las emociones, el exceso consiste en querer controlarlas a través del razonamiento inteligente con el intento de someterlas a la lógica que nos permite planificar, medir, cuantificar o resolver problemas. Sin embargo, hemos puesto de relieve repetidas veces que las emociones son «competencias sin comprensión» que funcionan de otra manera y no respetan reglas ni lógica racional. Como escribe Cioran, «ante el miedo, los subterfugios de la esperanza se revelan ineficaces como los argumentos de la razón» (Cioran, 1952). No obstante, puesto que la inteligencia y la racionalidad han llevado al hombre a desarrollar su capacidad de control y manipulación del medio ambiente y a adquirir cada vez más capacidades, parecería del todo lógico creer que todo eso también debería funcionar en la gestión de las emociones. Lamentablemente, las emociones siguen lógicas completamente diferentes a las del razonamiento. La gestión de las emociones requiere actos mentales y de conducta que a menudo contradicen la lógica ordinaria. Por ejemplo, puedo explicarme racionalmente el miedo a algo que no existe, como los fantasmas, pero esto no hará mella en mi miedo en lo más mínimo. Recuerdo el caso de un ingeniero, paciente mío por una invalidante fobia a volar, que me contó una experiencia esclarecedora. Para superar el pánico se había inscrito en uno de los muchos cursos que las aerolíneas activan para ayudar a las personas a perder su miedo a volar. Durante las lecciones, el miedo no solo no desapareció, sino que aumentó. En primer lugar, cuando le hicieron visitar el avión explicándole las características de seguridad, el paciente, como experto ingeniero, evaluó también sus riesgos de ineficiencia o las condiciones en las cuales aquellos dispositivos no serían suficientes para garantizar la seguridad de los pasajeros. Después, cuando el docente explicó que el número de muertes en accidentes de avión era mucho más bajo que en la carretera, el hombre precisó que el problema no eran los muertos, sino los heridos: en un incidente aéreo su número era casi nulo y esto era lo que realmente le daba miedo.

El miedo no puede gestionarse de manera racional porque es una reacción emocional fundamentalmente irracional, como lo son, por lo demás, las otras tres emociones primarias. Por ese motivo no pueden gestionarse con los instrumentos de la lógica, sino que requieren estrategias que se acomoden a sus mecanismos de funcionamiento. Pensemos, por ejemplo, en el dolor causado por el final de una relación sentimental: los intentos de encontrar una explicación serán inútiles, e igualmente ineficaz será pensar que, después de todo, quien nos ha dejado no nos merecía, como suelen decirnos los más cercanos para consolarnos. En la fábula de Fedro, *La zorra y las uvas,* la zorra intenta sin éxito dar un bocado a un suculento racimo de uvas que no puede alcanzar, para luego decirse: «No están maduras». Un consuelo astuto, aunque ineficaz, frente a un límite inaceptable. A todos nos ha pasado, al menos una vez, que no hemos logrado controlar la ira frente a una frustración tras recurrir a razonamientos. Pensemos también en lo difícil que es mantener a raya un deseo reflexionando sobre su peligrosidad, como, por ejemplo, que más del 90 % de las personas no logre mantener una dieta ni siquiera cuando es necesaria, o incluso esencial, para su salud personal.

Debería quedar claro que es imposible gestionar las emociones enjaulándolas, reprimiéndolas o sometiéndolas a un orden del cual por naturaleza escapan. Sin embargo, al igual que la Hidra de la mitología antigua, cuyas cabezas volvían a crecer después de ser cortadas, la creencia de poder enjaular el tigre interior con lazos, redes y estructuras de lógica racional, por más que haya fracasado, sigue reproduciéndose. Se trata, de hecho, de la psicotrampa más solapada (Nardone, 2013), por ser fruto de aquello que ha permitido al hombre evolucionar, el aspecto negativo del don más valioso. Nunca deberíamos olvidar las palabras de Jean de La Bruyère: «Cualquier cosa en exceso es perniciosa».

Condicionar el animal: el mito del refuerzo premio/castigo

Son famosos los experimentos del fisiólogo Iván Pávlov, quien mediante ciertos sonidos inducía a sus perros a salivar después de haberlos condicionado asociando aquellos sonidos con la presencia de comida. El psicólogo John Watson, fundador del conductismo, se hizo famoso por el condicionamiento al que sometió a su hijo. Burrhus Skinner, una de las figuras más influyentes de la psicología estadounidense, ideó la *Skinner Box,* una cuna/caja utilizada para condicionar a su hija desde el nacimiento. Son solo algunos ejemplos del proyecto «científico» que tiene como objetivo desarrollar técnicas capaces de condicionar al ser humano e inducirlo a actuar como una especie de robot, un proyecto que nunca ha dejado de ejercer su encanto. Las aplicaciones de las diversas formas de condicionamiento conductual, de hecho, han sido experimentadas en numerosos sistemas aplicativos: en el militar para construir al soldado perfecto, incapaz de sentir miedo o dolor, capaz de conseguir prestaciones extraordinarias e impasible frente a cualquier tentación o promesa de placer; en el médico-psicológico para tratar las psicopatologías condicionando las respuestas conductuales de los pacientes. En resumen, se trata de manipular las respuestas de un sujeto a determinados estímulos a través de «refuerzos negativos», es decir, castigos, o de «refuerzos positivos», esto es, recompensas. Más allá del debate sobre la eticidad de estas formas de tratamiento o adiestramiento fuertemente manipulador de la voluntad individual, hay que decir que la eficacia de esas formas de aprendizaje condicionado es muy baja no solo con los seres humanos, sino con animales superiores, como perros, delfines y elefantes, en comparación con los resultados que pueden obtenerse a través de una relación cálida y colaborativa entre quien cura y quien recibe el tratamiento. En otras palabras, como ya se ha expuesto anteriormente, lo que mueve y activa la participación emocional del individuo y de los grupos es una comunicación sugestiva y una relación empática. El condicionamiento puede construir reflejos condicionados, pero no gestiona emociones. Estas solo pueden ser reprimidas o inhibidas: los procedimientos de manipulación no tienen efecto en emociones fuertes y generalizadas como el miedo extremo, el placer compulsivo, la ira impulsiva o un dolor devastador. Al contrario, por lo general esas experiencias rompen los condicionamientos: el tigre interior rasga la red con la que se ha intentado atraparlo. En el tratamiento de las psicopatologías, efectivamente, las terapias basadas en el condicionamiento funcionan solo en trastornos monosistemáticos, como una simple zoofobia o el miedo a hablar en público, pero son totalmente ineficaces aplicadas a miedos generalizados como el pánico, las fobias y las obsesiones-compulsiones, lo mismo que con patologías complejas como los trastornos alimenticios graves (anorexia, *binge eating* y bulimia) o las formas mayores de trastorno psíquico como la depresión (Nardone y Salvini, 2013).

Esto es aún más evidente en el sector de la aplicación de la ciencia de la *performance:* los condicionamientos mediante el refuerzo no permiten ni siquiera remotamente al *performer* ir más allá de sus límites (Nardone y Bartoli, 2019). Ningún artista puede limitarse a un aprendizaje de este tipo, del mismo modo que un atleta nunca logrará un récord recurriendo a condicionamientos conductuales. Así, un científico no podrá nunca intuir y luego formalizar un descubrimiento permaneciendo en los límites del condicionamiento al que ha sido sometido.

Sin embargo, incluso en estos casos el proyecto de manipular la mente y el comportamiento sobreviven y continúan teniendo sus defensores y seguidores. Esto también es así porque, como hemos dicho varias veces, la mayoría de los «científicos» todavía confía en la metodología de la investigación de laboratorio basada en el método skinneriano. En el caso de la gestión de las emociones, a menudo tropezamos con quien nos propone su modelado mediante formas de condicionamiento más modernas y variadas, como por ejemplo a través del uso de nuevas tecnologías como la inteligencia artificial o la potenciada. El sueño de Ícaro nunca deja de fascinar, pese al trágico desenlace de la antigua metáfora, porque son precisamente las exigencias más emocionales las que lo alimentan. La gestión de las emociones, por lo tanto, no puede pasar por su inhibición condicionada. Afortunadamente, el animal que hay en nosotros nunca puede ser del todo automatizado; solo podemos entrenarlo a través de sus características y prerrogativas, utilizándolas y orientándolas, pero no reprimiéndolas. Recordemos a este respecto la irónica interpretación de los experimentos pavlovianos por parte de Paul Watzlawick, no ya desde la perspectiva del experimentador, sino de la del perro. El animal le dice al colega que va a estar involucrado en el experimento: «Sabes, los hombres son realmente estúpidos… ¡basta salivar un poco cuando suena la campana para conseguir una buena comida!».

Hacerse amigo de la fiera: concederse emociones
sirviéndose de ellas

Si no puedes vencer a un enemigo hazte su amigo, sugiere el arte de la guerra desde los tiempos más antiguos.
Por ser un mecanismo fundamental de adaptación para
nuestra existencia, las emociones no pueden ser vencidas.
Además, esas dinámicas psicobiológicas representan muchas de nuestras actividades mentales y cerebrales hasta
el punto de que el filósofo evolucionista Daniel Dennett
se pregunta cuál es la función de la «conciencia», dado
que la gran mayoría de las funciones que nos sirven para
vivir y evolucionar está envuelta en procesos perceptivo-
emocionales y en las acciones activadas por estos procesos.
En otras palabras, las «competencias sin comprensión» son
suficientes para garantizarnos no solo la supervivencia,
sino también la felicidad. Ciertamente, en este momento
no quiero tratar de este espinoso argumento filosófico;
solo quiero demostrar una vez más que nuestro tigre interior no puede ser derrotado ni abatido. Por amenazador y
fuente de sufrimiento que sea, es el primer responsable de
nuestra existencia como sujetos capaces no solo de gestionar de la mejor manera nuestra realidad, sino también de
gozarla de manera plena. Las emociones que sentimos,
de hecho, son fruto tanto del dolor como del placer, tanto de
la ira como del impulso pasional, tanto del miedo como
de la sorpresa estimulante, tanto del asco como de la atracción irresistible, tanto del rechazo como del deseo. Por lo
tanto, el primer paso importante para aprender a gestionar
las emociones consiste en concedérselas o en evitar oponerse
a ellas, no solo porque sería como querer frenar la crecida de
un río empujando el agua con las manos, sino porque dejar

que se expresen hace que fluyan naturalmente sin exacerbarlas o transformarlas, como sucede, en cambio, cuando tratamos de reprimirlas o controlarlas. Hacer que emerjan sin oponerse a ellas, sin embargo, no significa ceder a ellas pasivamente, sino secundarlas en su curso para utilizar su fuerza en un sentido constructivo. Todo esto recuerda la historia del joven Yu el Grande, regente de la antigua China, quien en lugar de oponerse a la crecida destructiva del río Amarillo levantando presas y murallas mandó cavar zanjas y canales para que el agua fluyera. Luego ordenó construir los primeros molinos de agua para aprovechar la potencia del flujo. La historia de Yu es una espléndida analogía de lo que podemos y debemos hacer con nuestros sentires, también cuando más nos asustan o más nos duelen. El miedo, en efecto, como demuestran tanto la sabiduría antigua como la investigación moderna, puede transformarse en coraje si se lo acepta, si se le sigue la corriente y se lo empuja voluntariamente al exceso, en el momento en que desaparece nos hace sentir dueños de nosotros mismos. El dolor se debe aceptar y superar concediéndole espacio y tiempo. Es necesario tocar fondo muchas veces para emerger de nuevo. La ira ha de ser canalizada y drenada dándole la posibilidad de expresarse en direcciones no destructoras sino incluso productivas. El placer ha de experimentarse y vivirse concediéndonoslo en espacios y tiempos definidos para poder gozar sin ser poseídos y abrumados. De eso trataremos en detalle más adelante, mientras que ahora nos limitamos a poner de relieve el hecho de que la única forma de manejar nuestro tigre interior es hacerlo amigo nuestro: nuestras emociones son tan potentes como grande y feroz es el felino, pero son parte de nosotros. Por eso no podemos enjaularlas en un recinto ni mucho menos evitarlas. Séneca advertía: «Donde huyas, hombre, llévate siempre detrás a ti mismo». Más efectivas son aún las palabras de Shakespeare: «Loco es el que intenta expulsar su sombra y se pierde dentro de ella».

Emancipándonos de la idea racionalista de la supremacía del pensamiento consciente y dejando de pensar en las emociones como en nuestra parte «bestial», sino considerándolas el recurso más importante en el que apoyarnos para mejorarnos y mejorar nuestra vida, podemos construir lo que en un texto anterior (Nardone y Bartoli, 2019) hemos definido «inconsciencia educada», capaz de exaltar la carga positiva de las emociones y reorientar su parte destructiva volviéndola constructiva. Después de todo es lo que, consciente o inconscientemente, hicieron las figuras más grandes de la historia universal: desplegaron las velas para hacerse empujar por el viento impetuoso de su sentir, poniendo atención en dirigir el timón y mantener el rumbo. Cada uno de nosotros puede construir su propia nave y convertirse en hábil timonel que se deja empujar por el viento en lugar de dejarse arrastrar por él, orientando la navegación hacia nuevas tierras por descubrir. Este último aspecto es de suma importancia: el impulso al «descubrimiento constante» es prerrogativa esencial de la gestión de las emociones. Quien quiera sentirse constantemente seguro se refugia en su rincón, pero bloquea la propensión natural a descubrir y a lo novedoso, que nos renueva. La disposición al «riesgo» del cambio, además, permite renovar y desarrollar lo que ya se ha conocido y experimentado: la cosa misma, de hecho, cambia en momentos diferentes, modificando también las sensaciones que sentimos hacia ella. Todo cambia, todo evoluciona, todo se transforma: no podemos creernos los únicos seres vivos inmóviles. Las emociones son impulsadas e impulsan al cambio, permitiéndonos evolucionar de manera adaptativa. Nunca debemos olvidar que esta es su función.

Cabalgar el tigre interior

Una vez que nos hayamos ganado la amistad de nuestro tigre interior, el siguiente paso es aprender a cabalgarlo (Nardone, 2003a). Después de habernos ganado su confianza y su amistad, debemos ser capaces de orientar su modo de actuar en dirección a algo que aparentemente va contra su naturaleza indomable. Todo esto podría parecer arriesgado, si no imposible, ya que no se puede adiestrar a un tigre como haríamos con un caballo; todo lo contrario, entre los felinos el tigre es el que más se resiste a ser adiestrado porque conserva su naturaleza salvaje incluso hallándose en cautividad. Más allá de la fascinante metáfora oriental, «cabalgar» las propias emociones significa, en analogía con el gesto ecuestre, ejecutar una prestación en la que el animal y el hombre realizan en perfecta armonía algo que va más allá de su actuación individual. La fiera amaestrada se fía y confía en quien la cabalga, igual que quien la cabalga se fía y confía en la fiera. A lo largo de la historia este connubio ha llevado a cabo innumerables maravillas, empresas, descubrimientos y creaciones, solo posibles en virtud del rendimiento extraordinario por el que el sujeto va más allá de sí mismo (Nardone y Bartoli, 2019). Se trata de empresas en las que el individuo ha conseguido que su inteligencia cooperara con su instinto, la preparación con el ímpetu del momento, la conciencia lúcida con la inconsciencia educada. Emocionalidad y razón devienen un todo que eleva ambas destrezas, transformándolas en una extraordinaria «cualidad emergente». Pensemos, por ejemplo, en el agua, el único elemento natural capaz de asumir un estado sólido, líquido y gaseoso o de cambiar sin dejar de ser lo que es. Conseguir que la inteligencia y las emociones dialoguen es una tarea compleja y ardua. Por un lado, la mente tiende a esquematizar lo que funciona; por otro, continúa siendo impulsada por sensaciones que se oponen a esos esquemas. Como hemos visto, gran parte de las prácticas mentales elaboradas para superar estos problemas se basan en la elevación de la conciencia con el fin de aumentar la capacidad de controlar y dirigir las emociones. En los últimos años, técnicas de origen tibetano, como la meditación y el *mindfulness,* se han propuesto como panacea universal (Davidson y Begley, 2012; Goleman, 2003; Kabat-Zinn, 2005; Lipton, 2007; Siegel, 2019). La fascinación indiscutible de esos planteamientos, la promesa liberadora, los abundantes estudios —si bien, como hemos visto, muy cuestionables—, productos de los medios de excepción, entre ellos actores de Hollywood, científicos y conocidos líderes devotos del Dalái Lama, un río de *best sellers* sobre este tema: todo un conjunto de elementos que han contribuido al enorme éxito de esa propuesta teórico-aplicativa, desnaturalizando no obstante muchas prerrogativas suyas desde el punto de vista filosófico y práctico.

Antes que nada debemos considerar que la meditación tibetana tiene orígenes culturales muy diferentes de los occidentales y representa un camino de elevación del individuo que requiere años de constante y disciplinada práctica para ser conquistada y dar beneficios. No se aprende a meditar en unas pocas semanas ni se consiguen los efectos beneficiosos en poco tiempo, como prometen tantos cursos y tantas publicaciones. Lo mismo que las refinadas artes marciales orientales, que requieren décadas para poder aprenderlas realmente y poder aplicarlas concretamente, también la meditación requiere una larga práctica y buenos maestros para alcanzar a metabolizarla como capacidad de control y gestión de las emociones. Hay que desconfiar, por lo tanto, de los «cursos concentrados de adiestramiento» propuestos por los «gurús» o los «motivadores» de turno. Otro punto que hay que aclarar, y que discutiremos en el próximo apartado, es que la práctica de la meditación y sus diferentes formas aplicativas se han desarrollado como técnicas de elevación del individuo desde una perspectiva de crecimiento personal y no como estrategias terapéuticas, como se viene proponiendo en las últimas décadas (Meazzini en Nardone y Salvini, 2013) por psicoterapeutas conductistas. Por esa razón, la transformación de instrumentos para el aprendizaje en técnicas terapéuticas, aunque fascinante, resulta muy poco eficaz. Más criticable es aún la posición de quienes asocian la meditación con la «ley de la atracción», como si visualizar en estado meditativo algo que esperamos que se pueda hacer realmente vaya a suceder. Si a todo esto añadimos el «piensa en positivo» y la «ciencia del optimismo», el panorama de distorsión comercial, ideológica y pseudoterapéutica de la noble práctica de la meditación está completo. El lector debe saber que quien escribe ha practicado varias formas de meditación durante décadas a lo largo de su propio camino de «mejoría continua» en las artes marciales, un camino que, no obstante, nunca termina: los verdaderos maestros nunca dejan de practicar para que evolucionen sus enseñanzas y, sobre todo, para evolucionar ellos mismos. Por lo tanto, no pretendemos formar parte del grupo de denigradores del arte de la meditación; más bien queremos restituir esta práctica a sus funciones reales, a los objetivos y a las modalidades aplicativas.

Aclarado este tema, podemos afrontar la cuestión de la gestión de las emociones centrándonos en las estrategias elaboradas durante el trabajo aplicativo de investigación-intervención llevado a cabo en los últimos treinta años y que nos ha permitido conocer el problema a través de su solución (Nardone y Portelli, 2005; Nardone y Watzlawick, 2005, Nardone y Milanese, 2018; Nardone y Balbi, 2008).

Ante todo, para gestionar las emociones debemos usar su mismo lenguaje, que como hemos subrayado repetidamente no es el de las explicaciones racionales y el de los razonamientos lógicos, sino el de las sugestiones, las evocaciones y las experiencias concretas, que a su vez deben ser tratadas utilizando su funcionamiento natural y no tratando de aplicar la lógica racional típica de la inteligencia y del pensamiento formalizado. De lo contrario, las intervenciones no se ajustarán a las dinámicas emocionales y por eso solo serán inadecuadas y fallidas.

Por lo tanto, se trata de comunicar y actuar de un modo adecuado al lenguaje y a la dinámica de las emociones. No podemos montar nuestro tigre interior como si fuera un caballo o, peor aún, guiarlo como si fuera una cómoda carroza. Debemos respetar sus prerrogativas peculiares y adaptarnos a ellas para poder orientarlas en la dirección deseada.

Gestionar el miedo

El miedo es la emoción más potente porque está conectada con el instinto de supervivencia. También es la más frecuente, en cuanto activa muchas otras respuestas emocionales secundarias. Sin embargo, quizá sea la más desconocida y solemos tratarla incorrectamente. En primer lugar, el miedo debe valorarse como recurso y no como límite. Como ya hemos señalado, esta respuesta paleoencefálica activa reacciones en milésimas de segundo, algo que ninguna inteligencia artificial o computadora consigue hacer. Es lo que nos permite esquivar a un niño que de repente cruza la calzada delante de nuestro automóvil o que conduce a un atleta a lograr un rendimiento extraordinario. Además, mejor que cualquier tecnología avanzada, su percepción reconoce cualitativamente los fenómenos y reacciona selectivamente autocorrigiéndose, es decir, discrimina el estímulo, proporciona una respuesta adecuada, se corrige y se adapta interactuando con el estímulo mismo. Precisamente por esas formidables características, cuando supera el umbral de activación fisiológica funcional, el miedo se transforma en un límite y, a menudo, en una reacción incapacitante, bajo forma de pánico. Cuando la ansiedad, el mecanismo fisiológico del miedo, supera un cierto umbral, exaspera o bloquea las reacciones del sujeto, invalidando la respuesta adecuada al estímulo, interno o externo al organismo. Personalmente me ocupo del estudio del miedo y de sus efectos desde hace más de treinta años, experimentando estrategias y estratagemas terapéuticas para su tratamiento cuando se ha vuelto patológico, y desarrollando técnicas que permitan utilizarlo al máximo como recurso en el ámbito de la ciencia de la *performance*. He tratado decenas de miles de casos de graves patologías fóbicas y he supervisado el tratamiento de otros tantos casos «particularmente» difíciles seguidos por mis alumnos en todo el mundo. En particular, la investigación-intervención llevada a cabo desde la década de 1980 ha permitido identificar técnicas de terapia para las formas más incapacitantes del pánico, de las fobias y obsesiones compulsivas (Nardone, 1993, 2000, 2003a, 2016; Nardone y Portelli, 2005), que constituyen el tratamiento más eficaz y eficiente para estas patologías. Así, hemos podido sacar a la luz el funcionamiento de los mecanismos del miedo a través de aquello mismo que nos ha permitido gestionarlos estratégicamente: es la solución la que explica el problema. Además, el hecho de que la solución pueda ser reiterada y transmitida a otros colegas, que a su vez la ponen en práctica con los mismos éxitos, no solo convalida aún más su eficacia, sino que también nos permite perfeccionar su gestión.

El miedo no deviene en límite incapacitante por naturaleza o por genética. Por el contrario, es posible identificar los modos a través de los cuales se convierte en miedo, y precisamente sobre ellos hay que actuar, interrumpiendo su secuencia para conseguir que quien los sufre pueda abandonarlos. Esos modos son evitación generalizada, la constante demanda de protección, el intento fallido de controlar y reprimir la ansiedad y los síntomas fóbicos.

Evitar aquello que nos asusta es una tendencia natural, pero si esta se exacerba como una respuesta generalizada contra cualquier estímulo amenazador no hace más que confirmar la incapacidad de hacer frente a una amenaza y aumenta la falta de estima del sujeto, lo cual a su vez agrava la sensación de peligro. De esta manera, lo que antes nos hacía sentir seguros luego nos hace sentir aún más amenazados, ya que agiganta el temor hasta convertirlo en miedo incapacitante. Contraevitar es, en efecto, uno de los fundamentos de la terapia de los trastornos fóbicos, pero la contraevitación se debe llevar a cabo de la manera más gradual posible (Nardone, 2016; Wilson, 1996; Wolpe, 1981; Marks, 1978, 1998), es decir, partiendo del riesgo expositivo más pequeño y avanzando progresivamente en el enfrentamiento con todos los riesgos hasta la superación final del miedo. En este proceso es esencial que se utilicen el lenguaje y la lógica del miedo para evocar un «miedo mayor»: empeorando la condición producida por la evitación generalizada es posible crear un impulso emocional que permitirá hacer frente progresivamente a las situaciones temidas. A este fin son eficaces imágenes evocadoras y visualizaciones guiadas que, en vez de representar resultados positivos, hagan sentir que el miedo de la evitación es una forma de alimentar el miedo mismo. El límite de un temor es, en efecto, un temor mayor.

Por lo que se refiere a la búsqueda natural de protección frente a situaciones que tememos y respecto de las cuales sentimos no estar a la altura, es posible llegar a un efecto contraproducente del mismo tipo: recibir ayuda, protección y palabras tranquilizadoras nos hace sentir fuera de peligro, pero al mismo tiempo reafirma nuestra incapacidad. Con la repetición de estas circunstancias, la sensación de incapacidad se amplificará con desmesura, elevando la percepción del peligro y la respuesta emocional del miedo hasta evadir cualquier control. También en este caso es importante evocar un «miedo mayor» para bloquear la escalada del mecanismo contraproducente, es decir, gestionar el temor a través del miedo a su empeoramiento, producido precisamente por aquello mismo que debería proteger.

Finalmente, el mecanismo del intento de control de la ansiedad y de las activaciones fisiológicas típicas del miedo, como el aumento de la frecuencia cardíaca y de la respiración acelerada imponiéndose calmarla o reprimirla, representa un verdadero y real acto contra natura, y por eso contraproducente y con efectos potencialmente devastadores. Se trata de un gesto contra natura porque la activación de los parámetros fisiológicos idóneos para la «lucha o la huida» constituye la respuesta natural del organismo a una situación de alarma; contraproducente de una manera devastadora porque el intento de calmar el miedo no lo reduce, sino que lo sube a las estrellas. Cuando la mente moderna trata de reprimir la mente antigua exacerba su activación natural. Eso sería como meter al tigre en un saco: la fiera se debatirá hasta rasgarlo, se volverá agresiva de una manera incontrolable y acabará despedazándonos.

Este efecto paradójico, que habíamos demostrado empíricamente desde los años ochenta, en 2003 tuvo una demostración neurocientífica a través de la reconstrucción mediante la PET, de cómo ocurre un ataque de pánico desde el punto de vista fisiológico. Los investigadores del Instituto Nacional de Salud Mental de Estados Unidos (Charney [NIMH], 2002) pusieron de relieve que frente a una situación de miedo, en nuestro organismo se disparan dos formas paralelas de activación: la primera, paleoencefálica y en milésimas de segundo activa las respuestas psicofisiológicas inconscientes, típicas de las emociones primarias adecuadas para responder de manera eficaz a la circunstancia; la segunda, mucho más lenta, llega directamente al telencéfalo y estimula respuestas conscientes, las cuales, como ya sostenía William James, «se espantan» tanto de los estímulos como de las reacciones activadas, a las que por ese motivo intentan controlar. Todo esto también quedó demostrado por posteriores investigaciones neurocientíficas (LeDoux, 2002), que muestran el efecto paradójico de los intentos conscientes de inhibir los mecanismos inconscientes de activación emocional del miedo, recordándonos que esta es una de las «competencias sin comprensión» fundamentales y que, por lo tanto, no debe ser reprimida sino utilizada de la mejor manera posible. Desde un punto de vista operativo, el modo más eficaz de anular el miedo desencadenado por aquello que la mente moderna interpreta como síntomas amenazadores consiste en exasperarlos voluntariamente en lugar de reprimirlos, esto es, se trata de contrarrestar una paradoja psicofisiológica con una contraparadoja sostenida por la mente (Nardone, 1993, 2003a, 2016). De este modo se bloquea la exacerbación de la sintomatología ansiosa, haciéndola revertir rápidamente. Como escribe Cioran, «el miedo se anula en sus propios excesos».

Aprender estos procedimientos es bastante difícil y aparentemente arriesgado. Por ese motivo requiere un *training* guiado por un experto; cuando el miedo todavía no se ha transformado en pánico incapacitante es posible aprender la técnica con un poco de voluntad y dedicación. Ante todo es necesario dedicar diariamente un tiempo a la evocación de las «peores fantasías» relacionadas con los propios miedos, palpando de este modo el miedo que no solo no aumenta, sino que se reduce. En otras palabras, se debe experimentar concretamente el efecto paradójico hasta adquirir confianza en este para luego ponerlo a prueba en situaciones de ansiedad y miedo y verificar su enorme eficacia. Esta técnica, formulada sobre base empírica en 1985, está reconocida hace decenios como la terapia electiva para los ataques de pánico (Nardone, 1993; APA, 2015; Nardone y Salvini, 2013; Wilson, 1998). Algunos años antes, Viktor Frankl (1960), Donald Jackson (Watzlawick, Beavin y Jackson, 1967) y Milton Erickson habían demostrado la efectividad de este enfoque con su magistral trabajo, pese a no haber formalizado un modelo aplicativo del mismo. Pero el primero en exponer en toda su extensión el gran poder de las «peores fantasías» frente a los miedos fue Séneca: el filósofo romano recurrió a las peores fantasías para afrontar con extrema dignidad la sentencia de suicidio decretada por el emperador Nerón. También en la antigua sabiduría china, igual que en la sabiduría helénica, hay indicaciones de este tipo, como la estratagema de «extinguir el fuego añadiendo leña».

Gestionar el placer

Desde siempre el placer ha suscitado reacciones opuestas. Hay quien lo exalta como el «camino de la liberación» y de la naturalidad, y quien, al contrario, ve en él el peligro de perder el control. Desde un punto de vista religioso y moral se reconoce la importancia del placer, pero se exige templanza. Está claro que estas atribuciones socioculturales influyen profundamente en las modalidades de la gestión que se busca: es evidente la diferencia de actitud y comportamiento al respecto por parte de quien lo considera fuente de libertad y de quien lo vive como un peligro. Para los primeros, el placer tiene un valor sagrado y constantemente ha de ser buscado y expresado en todas sus formas; para los segundos, el placer es una tentación peligrosa que hay que mantener a raya. San Agustín de Hipona (2006) dice: «Nadie puede vivir sin el placer», y luego: «Es más fácil la abstinencia total que la moderación perfecta». Estas dos declaraciones son la clave para entender el punto central de la gestión de esta emoción primaria: el placer no puede ser negado, pero la abstinencia es más simple que el control. Respecto de las estrategias basadas en la abstinencia, la historia nos enseña que, si es reiterada, ella misma se convierte en placer. En muchas religiones es el camino del éxtasis: el placer reprimido se sublima precisamente en su abstinencia. Numerosos santos y santas son representantes netos de esta postura, de santa Catalina de Siena a san Giacomo. No es casualidad que Freud haya hecho del principio de placer la base de toda la arquitectura teórica del psicoanálisis. Del mismo modo, la reflexología pavloviana concede una notable importancia al refuerzo positivo basado en un premio agradable para condicionar determinados comportamientos. Wilhelm Reich lo interpretó en clave erótica, hablando de una energía cósmica que gestiona el universo. También las neurociencias modernas consideran inevitable el placer en la dinámica existencial y han identificado las zonas cerebrales responsables, sobre todo en su activación compulsiva. Algunas de las psicopatologías más graves, como la anorexia, se basan precisamente en el mecanismo de la abstinencia que se convierte en placer; otras, como el *binge eating,* en la alternancia entre resistirse a la comida y dejarse arrastrar por ella; y otras, también, como las parafilias, en no poder resistirse en absoluto a ellas. Pero si nadie puede evitar el placer, y si reprimirlo no hace asumir formas distintas y, a menudo, más insidiosas, ¿cómo puede ser gestionado?

La estrategia del filósofo Epicuro (1995) consistía en vivir días enteros con total austeridad, tanto desde el punto de vista erótico como alimentario, para luego dejar rienda suelta a atracones y orgías. En otras palabras, Epicuro le concedía al placer espacios preestablecidos de consumo deliberado, hasta el exceso, para luego recuperar el control. Cabe señalar que los tiempos previstos para el control eran mucho más amplios que los de placer completo y voluntario. Alejandro Magno alternaba períodos de aprendizaje y estudio con momentos de búsqueda del placer en todas sus formas. Durante sus campañas de conquista, su estilo de vida y el de sus soldados era rigurosísimo, pero a una victoria le seguían días enteros dedicados a orgías y libaciones. Quizá pocos sepan que la mayoría de los «grandes de la historia» tenía apetitos formidables: Einstein, aparte de fomentar una gran pasión por la comida, tenía numerosas amantes, entre ellas sus colaboradoras más cercanas. Sin embargo, sabía alternar momentos de placer deliberado con los de firmeza. A propósito del placer de la comida, por ejemplo, hoy sabemos que es posible mantener una dieta solo a condición de concederse transgresiones regulares (Nardone, 2014).

Lo mismo vale para todo tipo de placer: puedo controlarlo solo si me lo permito regularmente. Como la entropía de los sistemas vivos, que favorece su evolución sana, equilibrada y constante, así también la transgresión planificada permite mantener bajo control el placer, orientándolo en una dirección constructiva. Hace unas décadas, para enviar un mensaje al paleoencéfalo de sujetos que pedían ayuda por problemas relacionados con el placer, desarrollamos una fórmula comunicativa que utiliza un lenguaje sugestivo para inducir emociones: «Si te lo concedes puedes renunciar a ello; si no te lo concedes será irrenunciable». Este tipo de enunciados, repetido de un modo redundante durante un coloquio, se ha convertido en parte integrante del tratamiento eficaz de patologías importantes como el *binge eating* y el sexo compulsivo (Nardone, Verbitz y Milanese, 1999; Nardone, 2015; Nardone y Balbi, 2008; Pietrabissa *et al.*, 2014; Jackson *et al.*, 2018). Esta orden complace y al mismo tiempo tranquiliza a los que reconocen que no pueden resistirse a las tentaciones. Siguiendo la indicación de concederse el placer en espacios y modos planificados, el sujeto descubre que puede gestionar lo que antes le parecía irrefrenable. Cuando el placer es arrollador, efectivamente, debe gestionarse con una ambivalencia que permita al mismo tiempo vivirlo y controlarlo. La gestión de esta emoción primaria no puede limitarse solo a su parte patológica, sino que debe ser orientada sobre todo a su papel beneficioso de empuje vital, que no se limita por cierto al placer sexual y al alimento, sino que abarca todas las dimensiones de nuestra vida. Sin placer no se puede ser feliz. El élan vital del que hablaba Henri Bergson (1907) se refiere precisamente al «impulso vital» y constructivo del hombre que se basa fundamentalmente en el placer de realizar alguna cosa.

La felicidad siempre ha sido objeto de reflexión y de búsqueda individual, pero no debemos olvidar que la felicidad es la consecuencia del placer mantenido en la vida cotidiana y que puede ser fruto de múltiples experiencias. El «truco» que sugiere el filósofo del siglo XVIII Georg Lichtenberg en su *Cuaderno de consolación* es «hacer que cada instante de la vida sea el mejor posible, sea cual sea la mano del destino que nos lo envíe: en esto consiste el arte de vivir». Esto significa asumir constantemente la responsabilidad de escribir en primera persona la novela de nuestra vida, sin delegarla a otros o, peor aún, a la suerte, tratando de hacer mejor cada instante de nuestra existencia y la de las personas que nos rodean. Este último aspecto relacional nunca debe subestimarse: si hago que las personas cercanas a mí se sientan bien no solo es normal que obtenga lo mismo, sino que este acto produce en sí mismo una gratificación. Además, como explica Jon Elster (1979) en su lógica estratégica, distribuir el bien a más personas produce un efecto retroactivo por el que se recibe más de lo que se da. Esto vale también para el egoísta, que no responderá a nuestras atenciones benévolas; es más: se verá automáticamente aislado.

La propensión a lo «bello», también en sus expresiones relacionales y sociales, impulsa y activa las emociones secundarias derivadas del placer. Como afirma casi proféticamente Fiódor Dostoyevski (1999): «La belleza puede salvar el mundo». En fin, este estilo de vida relacional produce otro efecto benéfico, quizá aún más importante y radical: el placer del placer. Eso no debe ser vivido como un ejercicio de vanidad superficial, sino como una de nuestras necesidades primarias. Es lo que pone de relieve Abraham Maslow (1991), exponente de la psicología humanística, en su escala de necesidades humanas. Cesare Pavese (2003) confirma trágicamente este aspecto cuando escribe: «Se puede estar solo únicamente a condición de que sepas que alguien se desvive por ti».

El placer del placer, sin embargo, no puede ser reclamado, sino solo merecido. Y esto lleva de vuelta al esfuerzo activo y constante de ser mejor en todos los niveles, que

debemos pedirnos solo a nosotros mismos y a nadie ma
Los aplausos, como dicen en teatro, no se reclaman,
logran.

Gestionar el dolor

Sufrir, evidentemente, duele, y es natural tratar de evitarlo
Lamentablemente, hay tipos de dolor que son inevitables
Por eso estamos dotados de una capacidad adaptativa también para este tipo de experiencia; por otra parte, esta es
precisamente la función de las emociones primarias. No
obstante, esta realidad es cada vez más subestimada por
el hombre moderno, que constantemente trata de evitar el
dolor, incluso cuando es necesario como respuesta emocional que nos ayuda a amortiguar los golpes de la vida.
Por ejemplo, en el caso de la pérdida de un ser querido,
gracias al sufrimiento mismo logramos resurgir del luto.
Si, en cambio, tratamos de eliminar el dolor, esforzándo-
nos en no pensar en él o sedándonos químicamente, lo
transformamos en una agonía ante la que somos incapaces
de reaccionar. El dolor emocional representa para nuestra
mente lo que la fiebre para nuestro cuerpo, es decir, ser
aquello que nos permite curarnos. Está claro que, como
en el caso de una herida, si el dolor sobrepasa cierto umbral puede llevarnos a un punto sin retorno, es decir, a
una condición que el sujeto no puede superar por sí solo
y que requiere la ayuda de un especialista. Esto es lo que
se observa, por ejemplo, en los trastornos postraumáticos,
que sin embargo constituyen una eventualidad más bien
rara en la cómoda existencia del hombre moderno, que
vive en sociedades alejadas de guerras y hambrunas. Esto

no significa que en la sociedad del bienestar no podamos sufrir graves traumas: basta pensar en los abusos y en la violencia familiar, en los estupros y en las violencias psicológicas reiteradas en sujetos frágiles. Por otro lado, no se trata ciertamente de las experiencias traumáticas cotidianas típicas de países afectados por graves eventos naturales o conflictos militares.

Sabemos que cada una de las cuatro emociones primarias, sentida en exceso, resulta devastadora para quien la vive. Eso es aún más evidente en el dolor. Lo que en cambio casi parece ser contra natura es su efecto terapéutico y a veces taumatúrgico. La catarsis curativa no solo es parte integrante del hacer de grandes hipnotizadores como Jean-Martin Charcot o el fundador del psicoanálisis, Sigmund Freud: la épica da cuenta del héroe que se desespera y que se desgarra atravesado por el dolor más feroz para levantarse fortalecido de nuevo. Desde las más remotas prácticas chamánicas y adivinatorias, la curación del mal pasa por el sufrimiento, que viene a ser el rito de paso para librarse del mismo. Todas las grandes religiones contemplan el dolor como una experiencia necesaria de elevación del individuo y acercamiento a Dios. En la fe católica es incluso el sacrificio de Cristo lo que da vida a los hombres y lo que, a través de una experiencia similar, los eleva a la santidad. Como hemos declarado al comienzo de este texto, cuando se trata de emociones no pueden ignorarse las tradiciones épicas y la historia de las religiones. En el ámbito de la investigación científica es bien sabido que tanto las personas individuales como las comunidades resilientes (Meringolo, Chiodini y Nardone, 2016), es decir, las comunidades capaces no solo de absorber los golpes de la vida, sino de transformar las

tragedias en recursos existenciales, mantienen sobre sus espaldas experiencias del sufrimiento vivido, soportado y, por ello, superado. Como enseña una metáfora india, estas personas son capaces de «transformar las lágrimas en perlas». El sentimiento de lo trágico, además, acompaña desde siempre al hombre en su evolución y representa, como en el teatro griego, una especie de exorcización del sufrimiento que cada uno de nosotros debe inevitablemente afrontar a lo largo de la existencia. La antropología cultural, desde su inicio (Mauss, 2002; Kardiner, 1939; Lévi-Strauss, 2009), nos ofrece una amplia representación de esta ritualidad presente en muchísimas culturas de cualquier latitud.

Por todas estas razones, el dolor, como emoción primaria, debe ser rehabilitado pese a su demonización moderna, que lo reduce a un sufrimiento que debe evitarse recurriendo a la vez a una búsqueda exasperada y a menudo patética de la felicidad en cualesquiera de sus formas. Como escribe Cioran (1952): «El coraje que le falta a la mayoría es el de sufrir para dejar de sufrir». Para gestionar el dolor es útil la regla de Robert Frost: «Si quieres salir de él has de pasar por el medio, tocando el fondo para salir a la superficie». Es un objetivo que puede lograrse de muchas maneras, pero la más simple y natural es aceptar una «cita diaria con el dolor», sumergiéndose en él y abandonándose a su expresión natural. Por lo general, ya desde los primeros días se consigue una marcada reducción del sufrimiento fuera del espacio dedicado al mismo. El sufrimiento deja gradualmente de ser una tortura para transformarse en una experiencia catártica donde encauzar el dolor, mitigando sus efectos devastadores, pero disfrutando de sus resultados fortificantes. Después de algunas semanas, por lo general, el sujeto resurge fortalecido del abismo del sufrimiento: las lágrimas y el dolor cumplieron su función natural y han creado el propósito para el que se activaban. El hombre moderno a menudo necesita reincorporarse a su propia naturaleza. La emoción primaria del dolor desempeña el papel de la curación, aparte de que nos advierte de alguna cosa de la que deberíamos defendernos. Este doble papel es indispensable no solo para la supervivencia, sino sobre todo para nuestra capacidad de responder de una manera adaptativa a las circunstancias. Una señal de dolor durante un ejercicio atlético debe ser considerada y tomada en serio porque es una alarma que la percepción-emoción nos está enviando sobre el peligro de una lesión. Hoy, por el contrario, en el mundo del *coaching* y del crecimiento personal está muy en boga querer vencer el dolor y la fatiga como prueba de la propia determinación y resiliencia. De esta manera, muchos, ansiosos por convertirse en «fenómenos» en la vida profesional y personal, se someten a maratones, pruebas de supervivencia y deportes extremos sin haber adquirido antes una preparación deportiva adecuada, causándose lesiones articulares o musculares permanentes, o hasta lesiones cardíacas igualmente funestas. Todo esto está en las antípodas de la correcta gestión de una emoción primaria, en cuanto tratamos de inhibirla sin concederle la debida atención, con la ilusión de que así se fortalecerá nuestro espíritu y nuestro carácter. El dolor siempre debe ser escuchado, orientado y utilizado respetando sus funciones naturales de emoción primaria. Esto fortalece, nos hace resilientes y permite cicatrizar las peores heridas que la vida puede infligirnos.

Gestionar la ira

Entre las cuatro emociones primarias, la ira es ciertamente la que goza de menos aprecio, ya que desde siempre se la considera un defecto típico de las personas poco equilibradas, ofuscadas por una emoción que las induce a comportamientos que luego, puntualmente, acaban lamentando. Esto es verdaderamente cierto cuando la ira ciega la razonabilidad y explota con una agresividad fuera de control. Es lo que le sucedió a Alejandro Magno (Centanni, 1991) cuando, durante un litigio, traspasó con una lanza a Clito, su gran amigo, desesperándose luego y llegando a pensar en el suicidio. La furia ciega es el efecto de una ira que sobrepasa el umbral de su activación funcional. Como pasa con todas las otras emociones primarias, traspasar ese límite conduce a efectos devastadores. Pero también la ira tiene una función adaptativa y contribuye activamente a nuestra supervivencia y a la capacidad de gestionar de la mejor manera la realidad que nos rodea y nuestros impulsos internos. Gracias a esta emoción, bien vehiculada, podemos expresar recursos nunca experimentados cuando estamos serenos, sobre todo en circunstancias en las que tenemos que enfrentarnos con alguien, quizá llegando al choque, o frente a obstáculos aparentemente insuperables en condiciones normales. Es crucial entender que la ira es la respuesta emocional a un estado de frustración o a una condición en la que se crea una barrera entre lo que deseamos y lo que realizamos. En otras palabras, nos airamos cuando no podemos obtener lo que queremos o aquello que necesitamos. Esto desencadena una reacción psicofisiológica que amplifica nuestras reacciones, potenciando sus efectos con la finalidad de conseguir lo que nos falta. La función vital de la ira consiste en permitirnos liberar un extraordinario potencial de acción, no necesario en un estado de tranquilidad y cuando no nos sentimos frustrados. Si el umbral de activación es muy bajo el sujeto será fácilmente irritable y propenso a explosiones de ira incluso frente a frustraciones de poco peso. Si el umbral es muy alto el sujeto es capaz de soportar grandes frustraciones sin reaccionar. Este aspecto, definido por psicólogos de la personalidad (Eysenck, 1975; Cattel, Eber y Tatsuoka, 1970) como «temperamento», sugiere que la gestión constructiva de la ira incluye ante todo la percepción de las cosas: la potencia de la reacción es proporcional a la entidad de la frustración.

De nuevo, no se trata de reprimir o inhibir la respuesta emocional, sino de regularla gestionando el modo de percibir aquello que la desencadena. Si no se consigue esto, la segunda opción es dirigir la descarga airada hacia una dirección que nos permita dejarla fluir sin provocar daños irreparables. Finalmente, saber gestionar la percepción de lo que activa la ira y saber canalizarla con miras a una prestación la transforma de límite en recurso importante. Es lo que sucede en el interior de una buena *performance,* ejecutando aquello que hemos llamado «inconsciencia educada» (Nardone y Bartoli, 2019), es decir, una activación emocional cultivada que permite ir más allá de los límites marcados por la sola conciencia. Esta, por elevada que pueda ser, no es capaz de propulsar al sujeto «más allá de sí mismo».

En cuanto a la gestión de las percepciones, el primer paso consiste en aprender a dilatarlas ampliando los puntos de vista con los que miramos las cosas. Como enseña Blaise Pascal, deberíamos poder asumir la perspectiva perceptiva del otro hasta juzgar razonable y justificable aquello que nos perturba. No es una capacidad fácil de adquirir, pero se puede lograr con un ejercicio prolongado y una buena dosis de determinación. Es un punto en el que están de acuerdo tanto la sabiduría oriental como la sapiencia helénica, las tradiciones religiosas y la psicología moderna. Cualquier forma de elevación requiere un ejercicio reiterado. En las artes marciales, en línea con la indicación de Séneca, se busca como objetivo desarrollar en el individuo la «imperturbabilidad», considerada como el resultado más importante. El sujeto que sabe combatir a un nivel extremo consigue no ser provocado; seguro de su capacidad para defenderse de una agresión, puede así conjurar la mezcla mortal de ira y de miedo, que juntos pueden provocar reacciones muy peligrosas.

Cuando la ira, ante un abuso o un agravio inmediato, es legítima, la técnica desarrollada con éxito en el ámbito clínico ha sido descrita con inteligencia y perspicacia por Emil Cioran. En los *Ejercicios de admiración* (1992) sostiene que cuando experimentamos una ira furibunda hacia alguien tenemos que tomar papel y pluma y escribirle una carta, insultándolo de la manera más visceral y con el lenguaje más truculento que sepamos utilizar. Tal procedimiento debe repetirse durante varios días, mientras la ira no se haya amansado y se haya canalizado de una manera inocua. Como rito adicional de paso, las cartas no tendrán que ser enviadas al destinatario, sino rotas o quemadas.

Otra importante maniobra estratégica para gestionar las propias reacciones agresivas hacia quien nos ha ultrajado consiste en lanzar la fuerza de la ira contra la ira misma. En el momento en que nos enojamos prestamos atención y por lo tanto importancia a la persona que nos ha hecho sufrir. Por lo común, esto mantiene a raya incluso al Orlando más furioso, el cual, ciertamente, no quiere hacerle un regalo tan grande a aquel que lo golpeó a traición.

Reflexiones finales

Hacernos amigos de nuestras emociones primarias y aprender a gestionarlas, transformándolas en nuestro punto fuerte más importante, presupone sobre todo respetar el papel y las funciones que desempeñan naturalmente, orientando su efecto sin querer someterlas al control ni mucho menos a la censura de la conciencia y de la racionalidad, las cuales no se acomodan a la dinámica de las emociones. Es lo que nos enseñan las tradiciones orientales y occidentales y lo que los más recientes estudios científicos confirman. Esto, sin embargo, choca constantemente con supuestos ideológicos, lógicas comerciales y de poder de las que también está empapada gran parte de la investigación académica. Esto no debe sorprendernos, ya que son las emociones que están mal gestionadas las que empujan al hombre a actuar en provecho personal o a favorecer a un grupo en detrimento del resto y de la naturaleza. Como hemos explicado en otra parte, un ser egoísta por naturaleza, pero que haya desarrollado una inteligencia estratégica, sabe que es mucho más ventajoso cooperar con los demás con miras a fines comunes que trabajar en contra de ellos (von Neumann y Morgenstern, 1944; Elster, 1979; Watzlawick, Beavin y Jackson, 1967). Sin embargo, se trata de un tema demasiado amplio sobre el que no podemos detenernos en este libro.

Volviendo a la gestión del «tigre interior», representado por nuestras emociones primarias en forma de una «competencia sin comprensión», es posible educar, con la ayuda de una planificación consciente y de acciones responsables, estas respuestas inconscientes e irracionales para hacerlas más eficaces y eficientes de cara a nuestros fines. Para convencer a nuestro tigre de que se deje cabalgar no es posible utilizar directamente los argumentos de la razón. Debemos más bien ganarnos su confianza sin asustarlo, irritarlo o intentar someterlo a una coacción violenta, ni convertirnos para él en un bocado irresistible. Debemos intrigarlo y sugestionarlo, de modo que le vengan ganas de jugar con nosotros. En una antigua e icónica imagen china, el fundador de las artes marciales Shaolin, Bodhidharma, amaestró de tal manera a un tigre que consiguió que lo llevara sobre su grupa hasta la cima de la colina donde había sido fundado su templo.

Todo final es un comienzo

Al final de este viaje al variado universo de las emociones humanas, quiero añadir solo unas consideraciones. En primer lugar, desde el punto de vista del funcionamiento y de la gestión, las emociones poseen características que podríamos definir «antiguas», ya sea porque son activadas por la parte más antigua del cerebro o porque fueron conocidas y, en algunos aspectos, gestionadas de una manera adecuada en la Antigüedad. En segundo lugar, en aparente contraste con lo que acabamos de decir, nuestro cerebro es un mundo en gran parte todavía por explorar. Sin embargo, aunque en los últimos años las ciencias que se ocupan de él han dado pasos de gigante, por lo que se refiere a la complejidad de sus dinámicas todavía somos decididamente ignorantes.

En cuanto a la gestión de las emociones, la «sabiduría antigua» ha encontrado confirmación científica y validación empírica, evolucionando hacia una especie de tecnología eficaz orientada a determinados objetivos y eficiente en alcanzarlos, transmisible en su operatividad y predictiva en su proceso de aplicación. Esto vale sobre todo en el ámbito del estudio del cambio estratégico (Nardone y Milanese, 2018), aplicado tanto al individuo como a los grupos y a las organizaciones. En particular, el estudio sobre cómo resolver las formas más corrientes de psicopatología, basadas fundamentalmente en emociones disfuncionales, se ha mostrado como un terreno de verificación primordial. He podido permitirme la responsabilidad y el honor de redactar este librito, en ciertos aspectos crítico respecto de algunas teorías bien conocidas, precisamente por mi prolongada experiencia en este campo y por la importante producción empírico-experimental realizada junto con mis colaboradores (https://www.centroditerapiastrategica.com/pubblicazioni-e-ricerca/) sobre cómo inducir a las personas a cambiar su manera de sentir y de actuar. Pero esta sería otra historia que contar. Como escribe Thomas Stearns Eliot: «Cuando llegamos al final de un viaje nos reencontramos en el punto de partida». Y no olvidemos que comenzar de nuevo nunca se acaba.

Aristóteles, *Ética a Nicómaco,* Madrid, Tecnos, 2018.

American Psychological Association (APA), *Diagnostic and Statistical Manual of Mental Disorders, Fifth Edition (DSM-5),* Washington, D.C., APA, 2013 [trad. cast.: *DSM-5: Manual diagnóstico y estadístico de los trastornos mentales,* Madrid (etc.), Editorial Médica Panamericana, 2014].
—, *Dictionary of Psychology,* Washington, D.C., APA, 2015.
Aristóteles, *Ética a Nicómaco,* Madrid, Tecnos, 2018.
Bandler, R. y Grinder, J., *I modelli della terapia ipnotica di Milton H. Erickson,* Roma, Astrolabio, 1984.
Bateson, G., *Steps to an Ecology of Mind,* Nueva York, Ballantine Books, 1973 [trad. cast.: *Pasos hacia una ecología de la mente,* Lohlé/Lumen, Buenos Aires, 1991].
Bergson, H., *L'Évolution créatrice,* París, Alcan, 1907 [trad. cast.: *La evolución creadora,* Barcelona, Planeta-Agostini, 1985].
Berkeley, G., *A Treatise Concerning the Principles of Human Knowledge,* 1710 [trad. cast.: *Principios del conocimiento humano,* Barcelona, Folio, 2002].
Berridge, K. C. y Kringelbach, M. L., «Pleasure Systems in the Brain», *Neuron* 86(3), 2015, pp. 646-664.
Bohr, N., *The Theory of Spectra and Atomic Constitution: Three Essays,* Cambridge, Cambridge University Press, 1922.

Boorstin, D., *The Seekers: The Story of Man's Continuing Quest to Understand His World*, Nueva York, Random House, 1998 [trad. cast.: *Los pensadores*, Barcelona, Crítica, 1999].

Breggin, P. R., *Toxic Psychiatry: Why Therapy, Empathy, and Love Must Replace the Drugs, Electroshock, and Biochemical Theories of the New Psychiatry*, Nueva York, Toxic, 1994.

Caputo, A. y Milanese, R., *Psicopillole: Per un uso etico e strategico dei farmaci*, Milán, Ponte alle Grazie, 2017.

Cassano, G. B., *E liberaci dal male oscuro: che cos'è la depressione e come se ne esce*, Milán, Longanesi, 1996.

Cattell, R. B., Eber, H. W. y Tatsuoka, M. M., *Handbook for the 16 Personality Factor Questionnaire (16PF) in Clinical Educational Industrial and Research Psychology*, Champaign, IPAT, 1970.

Centanni, M. (ed.), *Il romanzo di Alessandro*, Turín, Einaudi, 1991.

Charney, O. S., National Institute of Mental Health (NIMH), «The anatomy of Panic», *Time,* agosto de 2002.

Cioran, E. M., *Syllogismes de l'amertume*, París, Gallimard, 1952 [trad. cast.: *Silogismos de la amargura*, Barcelona, Tusquets, 1990].

—, *Écartèlement*, París, Gallimard, 1979 [trad. cast.: *Desgarradura*, Barcelona, Tusquets, 2013].

—, *Ejercicios de admiración y otros textos: ensayos y retratos*, Barcelona, Tusquets, 1992.

Da Costa, N., «On the Logic of Belief», *Philosophical and Phenomenological Research* 2 (1989a).

—, «The logic of Self-Deception», *American Philosophical Quarterly* 1 (1989b).

Da Vinci, L., *I pensieri,* Fiesole, Nardini, 1997.

De Aquino, T., *Summa theologiae,* Turín, Marietti, 1986 [trad. cast.: *Suma de teología,* 5 vols., Madrid, Biblioteca de Autores Cristianos, ³1998].

De Hipona, A., «Las confesiones», en *Obras completas de San Agustín,* vol. II, Madrid, BAC, 2005.

Davidson, R. y Begley, S., *El perfil emocional de tu cerebro,* Barcelona, Destino, 2012.

Dennett, D. C., *De las bacterias a Bach: la evolución de la mente,* Barcelona, Pasado & Presente, 2017.

De Shazer, S., *Chiavi per la soluzione in terapia breve,* Roma, Astrolabio Ubaldini, 1986.

Descartes, R., *Discurso del método para bien conducir la razón y buscar la verdad en las ciencias,* Madrid, Trotta, 2018.

Dostoyevski, F., *El idiota,* Madrid, Alianza Editorial, 1999.

Einstein, A., *Pensieri di un uomo curioso,* Milán, Oscar Mondadori, 1999.

Ekman, P., *Darwin and Facial Expression,* Nueva York, Academic Press, 1973.

—, *Telling Lies,* Nueva York, Norton, 1985 [trad. cast.: *Cómo detectar mentiras: una guía para utilizar en el trabajo, la política y la pareja,* Barcelona (etc.), Paidós, 2005].

—, *Te lo leggo in faccia. Riconoscere le emozioni anche quando sono nascoste,* Turín, Amrita, 2010.

Elster, J., *Ulysses and the Sirens,* Cambridge, Cambridge University Press, 1979 [trad. cast.: *Ulises y las sirenas: estudios sobre racionalidad e irracionalidad,* Ciudad de México, Fondo de Cultura Económica, 1989].

Ellis, A., *Razón y emoción en psicoterapia,* Bilbao, Desclée de Brouwer, 1975.

Epicuro, *Obras completas,* Madrid, Cátedra, 1995.

Erickson, M. H. y Rossi, E. L. (eds.), *The Collected Papers of Milton H. Erickson on Hypnosis,* vols. I-IV, Nueva York, Irvington, 1980.

Eysenck, J., *Eysenck Personality Inventory: Personality Structure and Measurement,* Londres, Routledge, 1975.

Fedro, *Fábulas,* Barcelona, RBA, 2008.

Flaubert, G., *Madame Bovary* (trad. de Carmen Martín Gaite), Barcelona, Unidad Editorial, 1999.

Foerster, H. von y Glasersfeld, E. von (^{3}2007), *Wie wir uns erfinden: eine Autobiographie des radikalen Konstruktivismus,* Heidelberg, Carl-Auer-Systeme, Verl. und Verl.-Buchh. [trad. it.: *Come ci si Inventa,* Roma, 2001].

Frankl, V. E., «Paradoxical Intention», *American Journal of Psychotherapy* 14 (1960), pp. 520-535.

Freud, S., *El delirio y los sueños en la «Gradiva» de W. Jensen,* vol. I, Madrid, Biblioteca Nueva, 1967a, pp. 585-628 (*Obras completas,* vol. IX, Buenos Aires, Amorrortu, ^{2}1986).

—, *Metapsicología: La represión en obras completas,* vol. I, Madrid, Biblioteca Nueva, 1967b, pp. 1045-1064 (*Obras completas,* vol. XIV: «Contribución a la historia del movimiento psicoanalítico», Trabajos sobre metapsicología, y otras obras [1914-1916], Buenos Aires, Amorrortu, ^{2}1984).

Gazzaniga, M., *La mente inventata,* Milán, Guerini, 1999.

Gödel, K., «Über formal unentscheidbare Sätze der Principia Matematica und verwandter Systeme I», *Monatshefte für Mathematik und Physik,* 38 (1931), pp. 173-98 [trad. cast.: «Sobre proposiciones formalmente indecidibles de los *Principia Mathematica* y sistemas afines», *Revista Teorema,* Valencia, 1980].

Goleman, D., *La forza della meditazione*, Milán, BUR, 2003.

— y Dalái Lama, *Emociones destructivas: cómo entenderlas y superarlas: diálogos entre el Dalai Lama y diversos científicos, psicólogos y filósofos*, Barcelona, Kairós, ²2003.

Graumann, C. F. y Moscovici, S. (eds.), *Changing Conceptions of Crowd Mind and Behavior*, Nueva York, Springer Science & Business Media, 2012.

Haley, J., *Uncommon Therapy: The Psychiatric Techniques of Milton H. Erickson, M.D.*, Nueva York, Norton, 1973 [trad. cast.: *Terapia no convencional: las técnicas psiquiátricas de Milton H. Erickson*, Buenos Aires, Amorrortu, 1980].

Hebb, D. O., *The Organization of Behavior: a Neuropsychological Theory*, Nueva York, Wiley, 1949 [trad. cast.: *Organización de la conducta*, Madrid, Debate, 1985].

—, *Psicología*, Ciudad de México, [etc.], Interamericana, 1975.

—, *Mente e pensiero*, Bolonia, Il Mulino, 1990.

Heisenberg, W., *Física y filosofía*, Buenos Aires, La Isla, 1959.

—, *Indeterminazione e realtà*, Nápoles, Guida, 2009.

Hemingway, E., *El Jardín del Edén*, Barcelona, Debolsillo, 1975.

Hesse, H., *Siddhartha: Eine indische Dichtung*, Berlín, Fischer, 1922 [trad. cast.: *Siddharta*, Barcelona, Bruguera, 1986].

Hipócrates, *Sul riso e la follia*, Palermo, Sellerio, 1991.

Jackson, J. B.; Pietrabissa, G.; Rossi, A.; Manzoni, G. M. y Castelnuovo, G., «Brief Strategic Therapy and Cognitive Behavioral Therapy for Women with Binge Eating Disorder and Comorbid Obesity: A Randomized Clinical Trial One-year Follow-up», *Journal of Consulting and Clinical Psychology* 86(8), 2018, p. 688.

James, W., *The Principles of Psychology*, Nueva York, Holt & Co., 1890 [trad. cast.: *Principios de psicología*, Ciudad de México, Fondo de Cultura Económica, 1994].

Kabat-Zinn, J., *Coming to Our Senses: Healing Ourselves and the World Through Mindfulness*, Nueva York, Hachette, 2005.

Kahneman, D., *Thinking, Fast and Slow*, Nueva York, Farrar, Strauss and Giroux, 2011 [trad. cast.: *Pensar rápido, pensar despacio*, Barcelona, Debate, 2012].

Kant, I., *Crítica de la razón pura*, Madrid, Alianza Editorial, 2013.

Kardiner, A., *The Individual and His Society: The Psychodynamics of Primitive Social Organization*, Nueva York, Columbia University Press, 1939 [trad. cast.: *El individuo y su sociedad: La psicodinámica de la organización social primitiva*, Ciudad de México, Fondo de Cultura Económica, 1982].

Kelly, G., *The Psychology of Personal Constructs*, Nueva York, Norton, 1955 [trad. cast.: *Psicología de los constructos personales: Textos escogidos*, Barcelona, Paidós, 2001].

Kemper, T. D., «How many emotions are there? Wedding the social and the autonomic components», *American Journal of Sociology* 93(2), 1987, pp. 263-289.

Koch, C., *Consciousness: Confessions of a Romantic Reductionist*, Boston, The MIT Press, 2012.

Kramer, P., *Listening to Prozac: A Psychiatrist Explores Antidepressants Drugs and the Remaking of the Self*, Nueva York, Viking, 1993 [trad. cast.: *Escuchando al Prozac*, Barcelona, 1994].

Kringelbach, M. L., «The human orbitofrontal cortex: linking reward to hedonic experience», *Nature Reviews Neuroscience* 6(9), 2005, p. 691.

Le Bon, G., *Psychologie des foules,* París, Alcan, 1895 [trad. cast.: *Psicología de las masas,* Madrid, Morata, 1995].

LeDoux, J. (2002), *Synaptic Self: How Our Brains Become Who We Are,* Nueva York, Penguin [trad. it.: *Il sé sinaptico: come il nostro cervello ci fa diventare quello che siamo,* Milán, Raffaello Cortina, 2002].

— (2015), *Anxious: Using the Brain to Understand and Treat Fear and Anxiety,* Nueva York, Viking [trad. it.: *Ansiedad,* Milán, Raffaello Cortina, 2016].

Lévi-Strauss, C., *Antropología estructural. Mito, sociedad, humanidades,* Madrid, Siglo XXI (2009).

Lewin, K.; Lippitt, R. y White, R. K., «Patterns of Aggressive Behavior in Experimentally Created "Social Climates"», *Journal of social psychology* 10(2), 1939, pp. 269-299.

—, *La teoria, la ricerca, l'intervento,* Bolonia, Il Mulino, 2005.

Lindquist, K. A.; Wager, T. D.; Kober, H.; Bliss-Moreau, E. y Barrett, L. F., «The Brain Basis of Emotion: A Meta-analytic Review», *The Behavioral and Brain Sciences* 35(3), 2012, p. 121.

Lipton, B. H., *La biología de la creencia: La liberación del poder de la conciencia, la materia y los milagros,* Madrid, La Esfera de los Libros, 2007.

Manzoni, A., *I promessi sposi,* Milán, BUR, 2009 [trad. cast.: *Los novios,* Madrid, Cátedra, 1985].

Marco Aurelio, *Pensamientos para mí mismo,* Madrid, Errata Naturae, 2017.

Marks, I. M., *Living with Fear: Understanding and Coping with Anxiety,* Nueva York, McGraw-Hill, 1978.

—, *Fears, Phobias and Rituals: Panic, Anxiety and their Treatment,* Oxford, Oxford University Press, 1998 [trad. cast.: *Miedos, fobias y rituales,* Barcelona, Martínez Roca, 1991].

Maslow, A. H., *Motivación y personalidad,* Madrid, Díaz de Santos, 1991.

Mauss, M., *The Gift: The Form and Reason for Exchange in Archaic Societies,* Londres, Routledge, 2002 [trad. cast.: *Ensayo sobre el don: Forma y función del intercambio en las sociedades arcaicas,* Buenos Aires/Madrid, Katz, 2009].

May, R., *La psicología y el dilema del hombre,* Barcelona, Gedisa, 1970.

Mayo, E., *Hawthorne and the Western Electric Company: The Social Problems of an Industrial Civilization,* Londres, Routledge, 1949 [trad. cast.: *Problemas sociales de una civilización industrial,* Buenos Aires, Nueva visión, 1977].

Mazzucchelli, L., *Fattore 1%. Piccole abitudini per grandi risultati,* Florencia, Giunti, 2019.

Meringolo, P.; Chiodini, M. y Nardone, G., *Che le lacrime diventino perle. Sviluppare la resilienza per trasformare le nostre ferite in opportunità,* Milán, Ponte alle Grazie, 2016.

Nardone, G. y Watzlawick, P., *L'arte del cambiamento: manuale di ipnosi senza trance,* Milán, Ponte alle Grazie, 1990 [trad. cast.: *El arte del cambio: Trastornos fóbicos y obsesivos,* Barcelona, Herder, 2011].

—, *Paura, panico, fobie: La terapia in tempi brevi,* Milán, Ponte alle Grazie, 1993 [trad. cast.: *Miedo, pánico, fobias: La terapia breve,* Barcelona, Herder, 2002].

—, *Manuale di sopravvivenza per psico-pazienti*, Milán, Ponte alle Grazie, 1994.

—, *Brief Strategic Solution-Oriented Therapy of Phobic and Obsessive Disorders*, Northvale, Jason Aronson, 1996.

—, *Psicosoluzioni: Risolvere rapidamente complicati problemi umani*, Milán, BUR, 1998 [trad. cast.: *Psicosoluciones: Cómo resolver rápidamente problemas humanos imposibles*, Barcelona, Herder, 2012].

—; Verbitz, T. y Milanese, R., *Le prigioni del cibo. Vomiting, anoressia, bulimia: la terapia in tempibrevi*, Milán, Ponte alle Grazie, 1999 [trad. cast.: *Las prisiones de la comida: vomiting, anorexia, bulimia*, Barcelona, Herder, 2011].

—, *Oltre i limiti della paura. Superare rapidamente le fobie le ossessioni e il panico*, Milán, Rizzoli, 2000 [trad. cast.: *Más allá del miedo*, Barcelona, Paidós, 2003].

—, *Cavalcare la propria tigre: gli stratagemmi nelle arti marziali ovvero come risolvere problemi difficili attraverso soluzioni semplici*, Milán, Ponte alle Grazie, 2003a [trad. cast.: *El arte de la estratagema: Cómo resolver problemas difíciles mediante soluciones simples*, Barcelona, Herder, 2013].

—, *Non c'è notte che non veda il giorno: la terapia in tempi brevi per gli attacchi di panico*, Milán, Ponte alle Grazie, 2003b [trad. cast.: *No hay noche que no vea el día: La terapia breve para los ataques de pánico*, Barcelona, Herder, 2008].

— y Portelli, C., *Knowing Through Changing: The Evolution of Brief Strategic Therapy*, Carmarthen, Crown House, 2005.

— y Watzlawick, P., *Brief Strategic Therapy: Philosophy, Techniques, and Research*, Nueva York, Jason Aronson, 2005.

—, *Cambiare occhi toccare il cuore: aforismi terapeutici*, Milán, Ponte alle Grazie, 2007.

— y Balbi, E., *Solcare il mare all'insaputa del cielo: Lezioni sul cambiamento terapeutico*, Milán, Ponte alle Grazie, 2008 [trad. cast.: *Surcar el mar a espaldas del cielo: Lecciones sobre el cambio terapéutico y las lógicas no ordinarias*, Barcelona, Herder, 2018].

—, *Psicotrappole: ovvero le sofferenze che ci costruiamo da soli: imparare a riconoscerle e a combatterle*, Milán, Ponte alle Grazie, 2013 [trad. cast.: *Psicotrampas: Identifica las trampas psicológicas que te amargan la vida y encuentra las psicosoluciones para vivir mejor*, Barcelona, Paidós, 2014].

— y Salvini, A., *Dizionario internazionale di psicoterapia*, Milán, Garzanti, 2013 [trad. cast.: *Diccionario internacional de psicoterapia*, Barcelona, Herder, 2019].

—, *Dieta o non dieta: Per un nuovo equilibrio tra cibo, piacere e salute*, Milán, Ponte alle Grazie, 2014.

—, *La nobile arte della persuasione: La magia delle parole e dei gesti*, Milán, Ponte alle Grazie, 2015.

—, *La terapia degli attacchi di panico: Liberi per sempre dalla paura patologica*, Milán, Ponte alle Grazie, 2016 [trad. cast.: *La terapia de los ataques de pánico*, Barcelona, Herder, 2016].

—, *Sette argomenti essenziali per conoscere l'uomo*, Milán, Ponte alle Grazie, 2017 [trad. cast.: *Siete cuestiones esenciales para conocer al ser humano*, Barcelona, Plataforma Editorial, 2019].

— y Milanese, R., *Il cambiamento strategico: Come far cambiare alle persone il loro sentire e il loro agire*, Milán, Ponte alle Grazie, 2018 [trad. cast.: *El cambio estratégico: Cómo hacer que las personas cambien su forma de sentir y de actuar*, Barcelona, Herder, 2019].

— y Bartoli, S., *Oltre sé stessi. Scienza e arte della performance,* Milán, Ponte alle Grazie, 2019 [trad. cast.: *Más allá de uno mismo: La ciencia y el arte de la performance,* Barcelona, Herder, 2019].

Neumann, J. von y Morgenstern, O., *Theory of Games and Economic Behavior,* Princeton, Princeton University Press, 1944.

Nietzsche, F., *Así habló Zaratustra. Un libro para todos y para nadie,* Madrid, Alianza Editorial, 1972.

—, *El gay saber o Gaya ciencia,* Madrid, Espasa Calpe, 2000.

Nucci, M., *Le lacrime degli eroi,* Turín, Einaudi, 2013.

Ornstein, R. E., *Multimind,* Boston, Houghton Mifflin, 1986.

Pascal, B., *Pensamientos,* Madrid, Cátedra, 1998.

Pavese, C., *El oficio de vivir,* Madrid, El País, 2003.

Piaget, J., *La construction du réel chez l'enfant,* Neuchâtel/ París, Delachaux et Niestlé, 1937 [trad. cast.: *La construcción de lo real en el niño,* Barcelona, Crítica, 1985].

Pietrabissa, G.; Manzoni, G. M.; Ceccarini, M. y Castelnuovo, G., «A Brief Strategic Therapy protocol for Binge Eating Disorder», *Procedia Social and Behavioral Sciences* 113 (2014), pp. 8-15.

Plutchik, R. y Kellerman, H., *Emotion, Theory, Research, and Experience,* Nueva York, Academic Press, 1980.

Popper, K. R., *The Open Society and Its Enemies,* Abingdon on Thames, Routledge, 1945 [trad. cast.: *La sociedad abierta y sus enemigos,* Barcelona, Paidós, 1982].

—, *Objective Knowledge: An Evolutionary Approach,* Oxford, Oxford University Press, 1972 [trad. cast.: *Conocimiento objetivo: Un enfoque evolucionista,* Madrid, Tecnos, ⁴1992].

—, *Realism and the Aim of Science*, Londres, Hutchinson, 1983.

Ramachandran, V. S., «Mirror Neurons and Imitation Learning as the Driving Force Behind "the Great Leap Forward" in Human Evolution», *Edge* 69 (29 de mayo de 2010).

Rizzolatti, G. y Sinigaglia, C., *So quel che fai. Il cervello che agisce e i neuroni specchio*, Milán, Raffaello Cortina, 2006.

Rosenthal, R. y Jacobson, L., *Pygmalion in the Classroom*, Nueva York, Rinehart and Winston, 1968 [trad. cast.: *Pygmalión en la escuela: Expectativas del maestro y desarrollo intelectual del alumno*, Madrid, Marova, 1980].

Salvini, A. y Bottini, R., *Il nostro inquilino segreto: La coscienza*, Milán, Ponte alle Grazie, 2011.

Searle, J. R., *The Mystery of Consciousness*, Londres, Granta Books, 1990 [trad. cast.: *El misterio de la conciencia: intercambios con Daniel C. Dennet y David*, Barcelona (etc.), Paidós, 2000].

Séneca, L. A., *Epístolas morales a Lucilio*, 2 vols., Madrid, Gredos, 1986-1989.

Siegel, D. J., *Diventare consapevoli. Una pratica di meditazione rivoluzionaria*, Milán, Raffaello Cortina, 2019.

Sirigatti, S.; Stefanile, C. y Nardone, G., *Le scoperte e le invenzioni della psicologia*, Milán, Ponte alle Grazie, 2008 [trad. cast.: *El descubrimiento y los hallazgos de la psicología: Un viaje a través de la mente humana*, Barcelona, Paidós, 2011].

Sófocles, *Edipo rey. Edipo en Colono*, Santa Perpètua de Mogoda, Brontes, 2013.

Tarde, G., *L'opinion et la foule*, París, Alcan, 1901 [trad. cast.: *La opinión y la multitud*, Madrid, Taurus, 1986].

—, «The Public and the Crowd», en Tarde, G. (ed.), *On Communications and Social Influence: Selected Papers*, Chicago, University of Chicago Press, 1969.

Tasso, T., *Gerusalemme liberata*, Milán, BUR, 2009 [trad. cast.: *Jerusalén libertada*, Barcelona, Iberia, 1955].

Thaler, R. H. y Sunstein, C. S., *Nudge: Improving Decision About Health, Wealth and Happiness*, New Haven, Yale University Press, 2008 [trad. cast.: *Un pequeño empujón (Nudge): El impulso que necesitas para tomar mejores decisiones sobre salud, dinero y felicidad*, Barcelona, Penguin Random House Grupo Editorial, 2018].

VV. AA., *Scrittori italiani di aforismi*, Milán, Mondadori, 1996.

Vygotski, L. S., *Pensamiento y lenguaje*, Barcelona, Paidós Ibérica, 2010.

Watzlawick, P.; Beavin, J. H. y Jackson, D. D., *Pragmatics of Human Communication: a Study on Interactional Patterns, Pathologies and Paradoxes*, Nueva York, Norton, 1967.

— y Weakland, J. H. (eds.), *The Interactional View: Studies at the Mental Research Institute, Palo Alto, 1965-1974*, Nueva York, Norton, 1974.

—; — y Fisch, R. (1974), *Change: Principles of problem formation and problem resolution*, Nueva York, Norton [trad. cast.: *Cambio: Formación y solución de los problemas humanos*, Barcelona, Herder, [11]2003].

— y Nardone, G. (eds.), *Terapia breve strategica*, Milán, Raffaello Cortina Editore, 1977 [trad. cast.: *Terapia breve estratégica: Pasos hacia un cambio de percepción de la realidad*, Barcelona, Paidós, 2000].

— (ed.), *Die Erfundene Wirklichkeit*, Múnich, R. Piper & Co., 1981 [trad. cast.: *La realidad inventada: ¿Cómo sabemos lo que creemos saber?*, Barcelona, Gedisa, 1993].

Weitzenhoffer, A. M. y Hilgard, E. R., *Stanford Hypnotic Susceptibility Scale, Form C,* vol. 27, Palo Alto, Consulting Psychologists Press, 1959.

Wilson, G., «Manual-based Treatment and Clinical Practice», *Clinical Psychology: Science and Practice* 5 (1998), pp. 363-375.

Wilson, R., *Don't Panic: Taking Control of Anxiety Attacks,* Nueva York, Harper, 1996.

Wolpe, J., *Life without Fear,* Oakland, New Horlinger Publications, 1981.

World Health Organization (WHO), *International Statistical Classification of Diseases and Related Health Problems,* Ginebra, WHO, 2018 (11.ª revisión).